I Sapori della Cina
Un Viaggio Culinario Autentico

Li Wei

Indice

introduzione *10*
   Pollo con germogli di bambù *11*
   Prosciutto Cotto *12*
   Pancetta con cavolo cappuccio *13*
   Pollo alle mandorle *14*
   Pollo alle Mandorle e Castagne d'Acqua *16*
   Pollo Con Mandorle E Verdure *17*
   Pollo all'anice *18*
   Pollo all'albicocca *20*
   Pollo Con Asparagi *21*
   Pollo Con Melanzane *22*
   Rotolo di pollo e pancetta *23*
   Pollo con germogli di soia *24*
   Pollo con salsa di fagioli neri *25*
   Pollo con broccoli *26*
   Pollo con cavolo e arachidi *27*
   Pollo agli anacardi *28*
   Pollo alle castagne *30*
   Pollo al peperoncino piccante *31*
   Pollo Arrosto Al Pepe *32*
   pollo alla cinese *34*
   Pollo chow mein *35*
   Pollo piccante fritto croccante *37*
   Pollo fritto con cetriolo *38*
   Pollo al curry con pepe *40*
   Pollo al curry cinese *41*
   Pollo al curry veloce *42*
   Pollo al curry con patate *43*
   Cosce di pollo fritte *44*
   Pollo fritto con salsa al curry *45*
   Pollo ubriaco *46*
   Pollo saporito con uova *47*

Involtini di uova di gallina *49*
Pollo al forno con uova *51*
Pollo dell'Estremo Oriente *53*
Pollo Foo Yung *54*
Foo Yung Prosciutto e Pollo *55*
Pollo Fritto Allo Zenzero *56*
Pollo Con Zenzero *57*
Pollo allo zenzero con funghi e castagne *58*
Gallina d'oro *59*
Stufato di pollo dorato marinato *60*
Monete d'oro *62*
Pollo al vapore con prosciutto *63*
Pollo con salsa Hoisin *64*
Pollo al miele *65*
Pollo Kung Pao *66*
Pollo con porri *67*
pollo al limone *68*
Pollo Fritto Al Limone *70*
Fegato di pollo con germogli di bambù *71*
Fegato di pollo fritto *72*
Fegato di pollo con taccole *73*
Fegato di pollo con frittella di pasta *74*
Fegato di pollo con salsa di ostriche *75*
Fegato di pollo con ananas *76*
Fegato di pollo in agrodolce *77*
Pollo con litchi *78*
Pollo con salsa al litchi *79*
Pollo con taccole *80*
Pollo al mango *81*
Melone ripieno di pollo *82*
Stufato di pollo e funghi *83*
Pollo con funghi e arachidi *84*
Pollo Arrosto Con Funghi *86*
Pollo al vapore con funghi *87*
Pollo con cipolla *88*
Pollo all'arancia e limone *89*

Pollo con salsa di ostriche *90*
Porzioni di pollo *91*
Pollo alle arachidi *92*
Pollo al burro di arachidi *93*
Pollo con piselli *94*
Pollo alla pechinese *95*
Pollo al pepe *96*
Pollo Arrosto Al Pepe *98*
Pollo e Ananas *100*
Pollo con Ananas e Litchi *101*
Pollo con carne di maiale *102*
Pollo arrosto con patate *103*
Pollo alle cinque spezie con patate *104*
Pollo bollito rosso *105*
Polpette Di Pollo *106*
Pollo saporito *107*
Pollo all'olio di sesamo *108*
Pollo allo Sherry *109*
Pollo con salsa di soia *110*
Pollo Arrosto Piccante *111*
Pollo con spinaci *112*
Involtini primavera di pollo *113*
Pollo fritto semplice *115*
Pollo In Salsa Di Pomodoro *116*
pollo con pomodoro *117*
Pollo Arrosto Con Pomodori *118*
Pollo e pomodoro con salsa di fagioli neri *119*
Pollo cotto velocemente con verdure *120*
Pollo alle noci *121*
Pollo alle noci *122*
Pollo alle Castagne d'Acqua *123*
Pollo Saporito Con Castagne D'Acqua *124*
Wonton di pollo *125*
Alette di pollo croccanti *126*
Ali di pollo alle cinque spezie *127*
Alette di pollo marinate *128*

Vere ali di pollo *130*
Alette di pollo condite *131*
Cosce Di Pollo Al Forno *132*
Cosce di pollo Hoisin *133*
Pollo arrosto *134*
Pollo fritto croccante *135*
Pollo fritto intero *136*
Pollo alle cinque spezie *137*
Pollo allo zenzero ed erba cipollina *139*
pollo in camicia *140*
Pollo bollito rosso *141*
Pollo piccante bollito rosso *142*
Pollo arrosto con sesamo *143*
Pollo in salsa di soia *144*
Pollo al vapore *145*
Pollo al vapore con anice *146*
Pollo dal sapore strano *147*
Pezzi di pollo croccanti *148*
Pollo con fagiolini *149*
Pollo Stufato Con Ananas *150*
Pollo con peperoni e pomodorini *151*
Pollo al sesamo *152*
Poussin fritti *153*
Türkiye con Taccone *154*
Türkiye con pepe *156*
Tacchino arrosto cinese *158*
Tacchino con noci e funghi *159*
Anatra con germogli di bambù *160*
Anatra con germogli di soia *161*
Anatra arrosto *162*
Anatra al vapore con sedano *163*
Anatra allo zenzero *164*
Anatra con fagiolini *165*
Anatra Fritta Al Vapore *166*
Anatra con frutti esotici *167*
Anatra arrosto con foglie cinesi *169*

anatra ubriaca *170*
Anatra alle Cinque Spezie.. *171*
Anatra fritta con zenzero *172*
Anatra con Prosciutto e Porri *173*
Anatra arrosto al miele.. *174*
Anatra arrosto umida... *175*
Anatra saltata con funghi *176*
Anatra con due funghi.. *178*
Anatra arrosto con cipolla... *179*
Anatra all'arancia... *181*
Anatra Arrosto Con L'arancia... *182*
Anatra con Pere e Castagne *183*
anatra pechinese *184*
Anatra arrosto con ananas *186*
Anatra fritta con ananas.. *187*
Anatra all'ananas e zenzero.. *188*
Anatra con Ananas e Litchi *189*
Anatra con carne di maiale e castagne *190*
Anatra con patate... *191*
Anatra Rossa Bollita.. *193*
Anatra arrosto al vino di riso *194*
Anatra al vapore con vino di riso *195*
Anatra salata... *196*
Anatra saporita con fagiolini.. *197*
Anatra cotta lentamente... *198*
Anatra fritta *200*
Anatra con patate dolci.. *201*
Anatra in agrodolce *203*
Anatra al mandarino.. *204*
Anatra con verdure *205*
Anatra Fritta Con Verdure *207*
Anatra bianca *208*
Anatra al vino *209*
Anatra al vapore di vino *210*
fagiano fritto *211*
Fagiano alle mandorle... *212*

Cervo con funghi secchi... *213*
Uova Salate... *214*
Uova Di Soia... *215*
Uova Di Tè.. *216*
crema pasticciera... *217*
Uova sode *218*

introduzione

Tutti coloro che amano cucinare amano provare nuovi piatti e nuove sensazioni gustative. La cucina asiatica è diventata immensamente popolare negli ultimi anni perché offre una diversa varietà di sapori da gustare. La maggior parte dei piatti vengono preparati sul fornello e molti vengono preparati e cotti velocemente, quindi sono ideali per il cuoco impegnato che vuole creare un piatto appetitoso e accattivante quando ha poco tempo a disposizione. Se ti piace davvero cucinare in Estremo Oriente, probabilmente avrai già un wok, e questo è l'utensile perfetto per cucinare la maggior parte dei piatti descritti nel libro. Se ancora non siete convinti che questo stile di cucina faccia al caso vostro, utilizzate una buona padella o padella per provare le ricette. Quando scoprirai quanto sono facili da preparare e deliziosi da mangiare, vorrai sicuramente investire in un wok per la tua cucina.

Pollo con germogli di bambù

Serve 4

45 ml/3 cucchiai di olio di arachidi (arachidi).
1 spicchio d'aglio, schiacciato
1 erba cipollina (erba cipollina), tritata
1 fetta di radice di zenzero, tritata
225 g di petto di pollo, tagliato a pezzi
225 g/8 oz di germogli di bambù, tagliati a scaglie
45 ml/3 cucchiai di salsa di soia
15 ml/1 cucchiaio di vino di riso o sherry secco
5 ml/1 cucchiaino di farina di mais (amido di mais)

Scaldare l'olio e soffriggere l'aglio, il cipollotto e lo zenzero finché saranno leggermente dorati. Aggiungere il pollo e far rosolare per 5 minuti. Aggiungere i germogli di bambù e farli rosolare per 2 minuti. Aggiungere la salsa di soia, il vino o lo sherry e l'amido di mais e friggere per circa 3 minuti fino a quando il pollo sarà cotto.

Prosciutto Cotto

Serve 6-8

900 g/2 libbre di prosciutto fresco
30 ml/2 cucchiai di zucchero di canna
60 ml/4 cucchiai di vino di riso o sherry secco

Disporre il prosciutto in una pirofila resistente al calore su una griglia, coprire e cuocere a vapore in acqua bollente per circa 1 ora. Aggiungere lo zucchero e il vino o lo sherry nella pirofila, coprire e cuocere a vapore per un'altra ora o fino a quando il prosciutto sarà cotto. Lasciare raffreddare nella ciotola prima di tagliare.

Pancetta con cavolo cappuccio

Serve 4

4 strisce di pancetta, sbucciate e tritate
2,5 ml/½ cucchiaino di sale
1 fetta di radice di zenzero, tritata
½ cavolo, tritato
75 ml/5 cucchiai di brodo di pollo
15 ml/1 cucchiaio di salsa di ostriche

Friggere la pancetta fino a renderla croccante, quindi toglierla dalla padella. Aggiungere sale e zenzero e far rosolare per 2 minuti. Aggiungete la verza e mescolate bene, poi aggiungete la pancetta e aggiungete il brodo, coprite e fate cuocere per circa 5 minuti finché la verza sarà tenera ma ancora leggermente croccante. Aggiungere la salsa di ostriche, coprire e cuocere per 1 minuto prima di servire.

Pollo alle mandorle

Serve 4-6

375 ml/13 fl oz/1½ tazza di brodo di pollo

60 ml/4 cucchiai di vino di riso o sherry secco

45 ml/3 cucchiai di farina di mais (amido di mais)

15 ml/1 cucchiaio di salsa di soia

4 petti di pollo

1 albume d'uovo

2,5 ml/½ cucchiaino di sale

olio per friggere

75 g/3 once/½ tazza di mandorle pelate

1 carota grande, tagliata a cubetti

5 ml/1 cucchiaino di radice di zenzero grattugiata

6 scalogni (scalogno), affettati

3 gambi di sedano, affettati

100 g di funghi, affettati

100 g/4 oz di germogli di bambù, affettati

In una padella mescolare il brodo, metà del vino o dello sherry, 30 ml/2 cucchiai di maizena e la salsa di soia. Portare a ebollizione, mescolando e cuocere per 5 minuti finché il composto non si addensa. Togliere dal fuoco e tenere al caldo.

Rimuovere la pelle e le ossa dal pollo e tagliarlo in pezzi di 2,5 cm/1. Mescolare il vino o lo sherry rimanente con l'amido di mais, l'albume e il sale, aggiungere i pezzi di pollo e mescolare bene. Scaldare l'olio e friggere i pezzi di pollo, pochi alla volta, per circa 5 minuti, fino a doratura. Asciugare bene. Togliere dalla padella tutto tranne 30 ml/2 cucchiai di olio e friggere le mandorle per 2 minuti fino a doratura. Asciugare bene. Aggiungere la carota e lo zenzero nella padella e friggere per 1 minuto. Aggiungete le restanti verdure e fatele soffriggere per circa 3 minuti finché le verdure saranno tenere ma ancora croccanti. Riportare il pollo e le mandorle nella padella con la salsa e mescolare a fuoco moderato per alcuni minuti finché non saranno ben cotti.

Pollo alle Mandorle e Castagne d'Acqua

Serve 4

6 funghi cinesi secchi
4 pezzi di pollo, disossati
100 g/4 once di mandorle tritate
sale e pepe macinato fresco
60 ml/4 cucchiai di olio di arachidi (arachidi).
100 g di castagne d'acqua, a fette
75 ml/5 cucchiai di brodo di pollo
30 ml/2 cucchiai di salsa di soia

Immergere i funghi in acqua tiepida per 30 minuti e scolarli. Eliminare i gambi e tagliare le sommità. Tagliare il pollo a fettine sottili. Condire generosamente le mandorle con sale e pepe e ricoprire le fette di pollo con le mandorle. Scaldare l'olio e friggere il pollo finché non sarà leggermente dorato. Aggiungete i funghi, le castagne d'acqua, il brodo e la salsa di soia, portate a bollore, coprite e fate cuocere per qualche minuto finché il pollo sarà cotto.

Pollo Con Mandorle E Verdure

Serve 4

75 ml/5 cucchiai di olio di arachidi (arachidi).

4 fette di radice di zenzero, tritata

5 ml/1 cucchiaino di sale

100 g/4 once di cavolo cinese, tritato

50 g/2 once di germogli di bambù, tagliati a dadini

50 g/2 once di funghi, tagliati a dadini

2 gambi di sedano, tagliati a dadini

3 castagne d'acqua a dadini

120 ml/4 fl oz/½ tazza di brodo di pollo

225 g/8 oz di petto di pollo, a cubetti

15 ml/1 cucchiaio di vino di riso o sherry secco

50 g/2 oz taccole (piselli)

100 g di mandorle a scaglie, tostate

10 ml/2 cucchiaini di farina di mais (amido di mais)

15 ml/1 cucchiaio di acqua

Scaldare metà dell'olio e soffriggere lo zenzero e il sale per 30 secondi. Aggiungete il cavolo, i germogli di bambù, i funghi, il sedano e le castagne d'acqua e fate rosolare per 2 minuti. Aggiungere il brodo, portare ad ebollizione, coprire e cuocere per 2 minuti. Togliere le verdure e la salsa dalla padella. Scaldare l'olio rimanente e friggere il pollo per 1 minuto. Aggiungere il vino o lo sherry e friggere per 1 minuto. Rimettere le verdure nella padella con le taccole e le mandorle e cuocere per 30 secondi. Mescolare la maizena e l'acqua fino a formare una pasta, unirla alla salsa e cuocere, mescolando, finché la salsa non si sarà addensata.

Pollo all'anice

Serve 4

75 ml/5 cucchiai di olio di arachidi (arachidi).
2 cipolle, tritate
1 spicchio d'aglio, tritato
2 fette di radice di zenzero, tritate
15 ml/1 cucchiaio di farina semplice (per tutti gli usi)
30 ml/2 cucchiai di curry in polvere
450 g/1 libbra di pollo, a cubetti
15 ml/1 cucchiaio di zucchero
30 ml/2 cucchiai di salsa di soia
450 ml/¾ pt/2 tazze di brodo di pollo

2 spicchi di anice stellato
225 g/8 once di patate, a cubetti

Scaldate metà dell'olio e fate soffriggere le cipolle finché saranno leggermente dorate, quindi toglietele dalla padella. Scaldare l'olio rimanente e soffriggere l'aglio e lo zenzero per 30 secondi. Aggiungere la farina e il curry e cuocere per 2 minuti. Riportare le cipolle nella padella, aggiungere il pollo e far rosolare per 3 minuti. Aggiungere lo zucchero, la salsa di soia, il brodo e l'anice, portare a ebollizione, coprire e cuocere a fuoco lento per 15 minuti. Aggiungere le patate, riportare a ebollizione, coprire e cuocere per altri 20 minuti finché saranno tenere.

Pollo all'albicocca

Serve 4

4 pezzi di pollo
sale e pepe macinato fresco
pizzico di zenzero macinato
60 ml/4 cucchiai di olio di arachidi (arachidi).
225 g/8 once di albicocche in scatola, tagliate a metà
300 ml/½ pt/1 ¼ tazze di salsa agrodolce
30 ml/2 cucchiai di mandorle a scaglie, tostate

Condire il pollo con sale, pepe e zenzero. Scaldare l'olio e friggere il pollo finché non sarà leggermente dorato. Coprire e cuocere per circa 20 minuti finché saranno teneri, girando di tanto in tanto. Scaricare l'olio. Aggiungere le albicocche e la salsa nella padella, portare a ebollizione, coprire e cuocere a fuoco lento per circa 5 minuti o finché non saranno ben cotte. Decorare con mandorle a lamelle.

Pollo Con Asparagi

Serve 4

45 ml/3 cucchiai di olio di arachidi (arachidi).

5 ml/1 cucchiaino di sale

1 spicchio d'aglio, schiacciato

1 erba cipollina (erba cipollina), tritata

1 petto di pollo, affettato

30 ml/2 cucchiai di salsa di fagioli neri

350 g di asparagi, tagliati a pezzi di 2,5 cm

120 ml/4 fl oz/½ tazza di brodo di pollo

5 ml/1 cucchiaino di zucchero

15 ml/1 cucchiaio di farina di mais (amido di mais)

45 ml/3 cucchiai di acqua

Scaldare metà dell'olio d'oliva e soffriggere il sale, l'aglio e l'erba cipollina fino a doratura. Aggiungere il pollo e friggerlo finché non sarà leggermente dorato. Aggiungere la salsa di fagioli neri e mescolare per ricoprire il pollo. Aggiungere gli asparagi, il brodo e lo zucchero, portare a ebollizione, coprire e cuocere per 5 minuti finché il pollo sarà tenero. Mescolare la maizena e l'acqua fino a formare una pasta, unirla nella padella e cuocere, mescolando, finché la salsa non sarà chiara e addensata.

Pollo Con Melanzane

Serve 4

225 g/8 once di pollo, affettato
15 ml/1 cucchiaio di salsa di soia
15 ml/1 cucchiaio di vino di riso o sherry secco
15 ml/1 cucchiaio di farina di mais (amido di mais)
1 melanzana (melanzana), sbucciata e tagliata a listarelle
30 ml/2 cucchiai di olio di arachidi (arachidi)
2 peperoni rossi secchi
2 spicchi d'aglio, schiacciati
75 ml/5 cucchiai di brodo di pollo

Metti il pollo in una ciotola. Mescolare salsa di soia, vino o sherry e farina di mais, incorporare al pollo e lasciare riposare per 30 minuti. Sbollentare le melanzane in acqua bollente per 3 minuti e scolarle bene. Scaldare l'olio e friggere i peperoni fino a farli scurire, toglierli e scartarli. Aggiungere l'aglio e il pollo e rosolare fino a doratura leggera. Aggiungere il brodo e le melanzane, portare a ebollizione, coprire e cuocere per 3 minuti, mescolando di tanto in tanto.

Rotolo di pollo e pancetta

Serve 4-6

225 g/8 once di pollo, a cubetti

30 ml/2 cucchiai di salsa di soia

15 ml/1 cucchiaio di vino di riso o sherry secco

5 ml/1 cucchiaino di zucchero

5 ml/1 cucchiaino di olio di sesamo

sale e pepe macinato fresco

Fette di pancetta da 225 g/8 once

1 uovo leggermente sbattuto

100 g/4 oz di farina semplice (per tutti gli usi)

olio per friggere

4 pomodori, a fette

Mescolare il pollo con salsa di soia, vino o sherry, zucchero, olio di sesamo, sale e pepe. Coprire e marinare per 1 ora, mescolando di tanto in tanto, quindi rimuovere il pollo ed eliminare la marinata. Tagliate la pancetta a pezzetti e avvolgetela attorno ai cubetti di pollo. Sbattere le uova con la farina fino ad ottenere un impasto denso, aggiungendo se necessario un po' di latte.

Immergere i cubetti nella pastella. Scaldare l'olio e friggere i cubetti finché non saranno dorati e ben cotti. Servire guarnito con pomodorini.

Pollo con germogli di soia

Serve 4

45 ml/3 cucchiai di olio di arachidi (arachidi).
1 spicchio d'aglio, schiacciato
1 erba cipollina (erba cipollina), tritata
1 fetta di radice di zenzero, tritata
225 g di petto di pollo, tagliato a pezzi
225 g/8 once di germogli di soia
45 ml/3 cucchiai di salsa di soia
15 ml/1 cucchiaio di vino di riso o sherry secco
5 ml/1 cucchiaino di farina di mais (amido di mais)

Scaldare l'olio e soffriggere l'aglio, il cipollotto e lo zenzero finché saranno leggermente dorati. Aggiungere il pollo e far rosolare per 5 minuti. Aggiungere i germogli di soia e farli rosolare per 2 minuti. Aggiungere la salsa di soia, il vino o lo sherry e l'amido di mais e friggere per circa 3 minuti fino a quando il pollo sarà cotto.

Pollo con salsa di fagioli neri

Serve 4

30 ml/2 cucchiai di olio di arachidi (arachidi)

5 ml/1 cucchiaino di sale

30 ml/2 cucchiai di salsa di fagioli neri

2 spicchi d'aglio, schiacciati

450 g/1 libbra di pollo, a cubetti

250 ml/8 fl oz/1 tazza di brodo

1 peperone verde, tagliato a dadini

1 cipolla tritata

15 ml/1 cucchiaio di salsa di soia

pepe appena macinato

15 ml/1 cucchiaio di farina di mais (amido di mais)

45 ml/3 cucchiai di acqua

Scaldare l'olio e soffriggere il sale, i fagioli neri e l'aglio per 30 secondi. Aggiungere il pollo e friggerlo finché non sarà leggermente dorato. Aggiungere il brodo, portare ad ebollizione, coprire e cuocere per 10 minuti. Aggiungere il peperone, la cipolla, la salsa di soia e il peperoncino, coprire e cuocere per altri 10 minuti. Mescolare la maizena e l'acqua fino a formare una pasta, unirla alla salsa e cuocere, mescolando, finché la salsa non si addensa e il pollo diventa tenero.

Pollo con broccoli

Serve 4

450 g/1 libbra di carne di pollo, a cubetti
225 g/8 once di fegato di pollo
45 ml/3 cucchiai di farina semplice (per tutti gli usi)
45 ml/3 cucchiai di olio di arachidi (arachidi).
1 cipolla, tagliata a dadini
1 peperone rosso, tagliato a dadini
1 peperone verde, tagliato a dadini
225 g di cimette di broccoli
4 fette di ananas, a cubetti
30 ml/2 cucchiai di passata di pomodoro (pasta)
30 ml/2 cucchiai di salsa hoisin
30 ml/2 cucchiai di miele
30 ml/2 cucchiai di salsa di soia
300 ml/½ pt/1¼ tazze di brodo di pollo
10 ml/2 cucchiaini di olio di sesamo

Passare il pollo e i fegatini nella farina. Scaldare l'olio e friggere il fegato per 5 minuti, quindi toglierlo dalla padella. Aggiungete il pollo, coprite e fate rosolare a fuoco moderato per 15 minuti, mescolando di tanto in tanto. Aggiungere le verdure e l'ananas e far rosolare per 8 minuti. Rimettere i fegatini nel wok, aggiungere gli ingredienti rimanenti e portare a ebollizione. Cuocere, mescolando, finché la salsa non si addensa.

Pollo con cavolo e arachidi

Serve 4

45 ml/3 cucchiai di olio di arachidi (arachidi).
30 ml/2 cucchiai di arachidi
450 g/1 libbra di pollo, a cubetti
½ cavolo tagliato a quadretti
15 ml/1 cucchiaio di salsa di fagioli neri
2 peperoni rossi, tritati
5 ml/1 cucchiaino di sale

Scaldare un po' d'olio e friggere le arachidi per qualche minuto, mescolando continuamente. Rimuovere, scolare e schiacciare. Scaldare l'olio rimanente e friggere il pollo e il cavolo finché leggermente dorati. Togliere dalla padella. Aggiungere la salsa di fagioli neri e peperoncino e far rosolare per 2 minuti. Riporta il pollo e il cavolo nella padella con le arachidi tritate e condisci con sale. Friggere fino a quando sarà ben caldo e poi servire.

Pollo agli anacardi

Serve 4

30 ml/2 cucchiai di salsa di soia
30 ml/2 cucchiai di farina di mais (amido di mais)
15 ml/1 cucchiaio di vino di riso o sherry secco
350 g/12 once di pollo, a cubetti
45 ml/3 cucchiai di olio di arachidi (arachidi).
2,5 ml/½ cucchiaino di sale
2 spicchi d'aglio, schiacciati
225 g/8 once di funghi, affettati
100 g di castagne d'acqua, a fette
100 g di germogli di bambù
50 g/2 oz taccole (piselli)
225 g/8 once/2 tazze di anacardi
300 ml/½ pt/1¼ tazze di brodo di pollo

Mescolare salsa di soia, farina di mais e vino o sherry, versare sul pollo, coprire e marinare per almeno 1 ora. Scaldare 30 ml/2 cucchiai di olio con il sale e l'aglio e soffriggere fino a quando l'aglio sarà leggermente dorato. Aggiungere il pollo con la marinata e friggere per 2 minuti fino a quando il pollo sarà leggermente dorato. Aggiungere i funghi, le castagne d'acqua, i germogli di bambù e le taccole e far rosolare per 2 minuti. Nel frattempo, scaldate l'olio rimasto in una padella a parte e friggete gli anacardi a fuoco basso per qualche minuto fino a doratura. Aggiungeteli nella padella con il brodo, portate a bollore, coprite e fate cuocere per 5 minuti. Se la salsa non si fosse addensata abbastanza, aggiungete un po' di maizena mescolata con un cucchiaio d'acqua e mescolate finché la salsa non si sarà addensata e schiarita.

Pollo alle castagne

Serve 4

225 g/8 once di pollo, affettato
5 ml/1 cucchiaino di sale
15 ml/1 cucchiaio di salsa di soia
olio per friggere
250 ml/8 fl oz/1 tazza di brodo di pollo
200 g di castagne d'acqua, tritate
225 g di castagne, tritate
225 g/8 once di funghi, tagliati in quarti
15 ml/1 cucchiaio di prezzemolo fresco tritato

Cospargere il pollo con sale e salsa di soia e strofinarlo bene sul pollo. Scaldate l'olio e friggete il pollo fino a doratura, toglietelo e scolatelo. Mettete il pollo in una padella con il brodo, portate a ebollizione e fate cuocere per 5 minuti. Aggiungete le castagne d'acqua, le castagne ed i funghi, coprite e fate cuocere per circa 20 minuti finché il tutto sarà morbido. Servire guarnito con prezzemolo.

Pollo al peperoncino piccante

Serve 4

350 g/1 libbra di carne di pollo, a cubetti

1 uovo, leggermente sbattuto

10 ml/2 cucchiaini di salsa di soia

2,5 ml/½ cucchiaino di farina di mais (amido di mais)

olio per friggere

1 peperone verde, tagliato a dadini

4 spicchi d'aglio, schiacciati

2 peperoni rossi, tritati

5 ml/1 cucchiaino di pepe appena macinato

5 ml/1 cucchiaino di aceto di vino

5 ml/1 cucchiaino di acqua

2,5 ml/½ cucchiaino di zucchero

2,5 ml/½ cucchiaino di olio al peperoncino

2,5 ml/½ cucchiaino di olio di sesamo

Mescolare il pollo con l'uovo, metà della salsa di soia e la farina di mais e lasciare riposare per 30 minuti. Scaldare l'olio e friggere il pollo fino a doratura e scolarlo bene. Versare tutto tranne 15 ml/1 cucchiaio di olio dalla padella, aggiungere il peperoncino, l'aglio e il peperoncino e friggere per 30 secondi.

Aggiungete il pepe, l'aceto di vino, l'acqua e lo zucchero e fate soffriggere per 30 secondi. Riporta il pollo nella padella e friggi per qualche minuto fino a cottura. Servire cosparso di olio di sesamo e pepe.

Pollo Arrosto Al Pepe

Serve 4

225 g/8 once di pollo, affettato
2,5 ml/½ cucchiaino di salsa di soia
2,5 ml/½ cucchiaino di olio di sesamo
2,5 ml/½ cucchiaino di vino di riso o sherry secco
5 ml/1 cucchiaino di farina di mais (amido di mais)
sale
45 ml/3 cucchiai di olio di arachidi (arachidi).
100 g/4 once di spinaci
4 scalogni (erba cipollina), tritati
2,5 ml/½ cucchiaino di peperoncino in polvere
15 ml/1 cucchiaio di acqua
1 pomodoro, a fette

Mescolare il pollo con la salsa di soia, l'olio di sesamo, il vino o lo sherry, metà della farina di mais e un pizzico di sale. Lasciare riposare per 30 minuti. Scaldare 15 ml/1 cucchiaio di olio e friggere il pollo finché non sarà leggermente dorato. Togliere dal wok. Scaldare 15 ml/1 cucchiaio di olio e friggere gli spinaci finché non appassiscono e toglierli dal wok. Scaldare l'olio rimasto e friggere i cipollotti, il peperoncino in polvere, l'acqua e la farina di mais rimanente per 2 minuti. Aggiungete il pollo e fate rosolare velocemente. Disporre gli spinaci su un piatto caldo, guarnire con il pollo e servire guarnendo con i pomodori.

pollo alla cinese

Serve 4

100 g/4 oz foglie cinesi, tritate

100 g/4 oz di germogli di bambù, tagliati a strisce

60 ml/4 cucchiai di olio di arachidi (arachidi).

3 scalogni (scalogno), affettati

2 spicchi d'aglio, schiacciati

1 fetta di radice di zenzero, tritata

225 g di petto di pollo, tagliato a strisce

45 ml/3 cucchiai di salsa di soia

15 ml/1 cucchiaio di vino di riso o sherry secco

5 ml/1 cucchiaino di sale

2,5 ml/½ cucchiaino di zucchero

pepe appena macinato

15 ml/1 cucchiaio di farina di mais (amido di mais)

Sbollentare le foglie cinesi e i germogli di bambù in acqua bollente per 2 minuti. Scolare e asciugare. Scaldare 45 ml/3 cucchiai di olio e soffriggere la cipolla, l'aglio e lo zenzero finché saranno leggermente dorati. Aggiungere il pollo e rosolare per 4 minuti. Togliere dalla padella. Scaldare l'olio rimanente e friggere le verdure per 3 minuti. Aggiungere il pollo, la salsa di soia, il vino o lo sherry, il sale, lo zucchero e un pizzico di pepe e far rosolare per 1 minuto. Mescolare la maizena con un po' d'acqua, incorporarla alla salsa e cuocere, mescolando, fino a quando la salsa si schiarirà e si sarà addensata.

Pollo chow mein

Serve 4

30 ml/2 cucchiai di olio di arachidi (arachidi)
2 spicchi d'aglio, schiacciati
450 g/1 libbra di pollo, affettato
225 g/8 once di germogli di bambù, affettati
100 g/4 once di sedano, a fette
225 g/8 once di funghi, affettati
450 ml/¾ pt/2 tazze di brodo di pollo
225 g/8 once di germogli di soia
4 cipolle, tagliate a spicchi
30 ml/2 cucchiai di salsa di soia
30 ml/2 cucchiai di farina di mais (amido di mais)
225 g di spaghetti cinesi essiccati

Scaldate l'olio con l'aglio finché non sarà leggermente dorato, quindi aggiungete il pollo e fatelo rosolare per 2 minuti finché non sarà leggermente dorato. Aggiungere i germogli di bambù, il sedano e i funghi e far rosolare per 3 minuti. Aggiungere la maggior parte del brodo, portare a ebollizione, coprire e cuocere a fuoco lento per 8 minuti. Aggiungere i germogli di soia e le cipolle e cuocere per 2 minuti, mescolando, finché non rimane un po' di brodo. Mescolare il brodo rimanente con la salsa di soia e la farina di mais. Mescolare nella padella e cuocere, mescolando, finché la salsa non si schiarisce e si addensa.

Nel frattempo cuocere la pasta in acqua bollente salata per qualche minuto, seguendo le istruzioni sulla confezione. Scolare bene, unire al composto di pollo e servire subito.

Pollo piccante fritto croccante

Serve 4

450 g di carne di pollo, tagliata a pezzi
30 ml/2 cucchiai di salsa di soia
30 ml/2 cucchiai di salsa di prugne
45 ml/3 cucchiai di chutney di mango
1 spicchio d'aglio, schiacciato
2,5 ml/½ cucchiaino di zenzero macinato
qualche goccia di brandy
30 ml/2 cucchiai di farina di mais (amido di mais)
2 uova, sbattute
100 g/4 oz/1 tazza di pangrattato secco
30 ml/2 cucchiai di olio di arachidi (arachidi)
6 erba cipollina (erba cipollina), tritata
1 peperone rosso, tagliato a dadini
1 peperone verde, tagliato a dadini
30 ml/2 cucchiai di salsa di soia
30 ml/2 cucchiai di miele
30 ml/2 cucchiai di aceto di vino

Metti il pollo in una ciotola. Mescolare le salse, il chutney, l'aglio, lo zenzero e il brandy, versare sul pollo, coprire e lasciare marinare per 2 ore. Scolare il pollo e poi cospargerlo con farina di mais. Passatela nelle uova e poi nel pangrattato. Scaldare l'olio e friggere il pollo fino a doratura. Togliere dalla padella. Aggiungere le verdure, farle rosolare per 4 minuti e togliere. Scolare l'olio dalla padella e rimettere il pollo e le verdure nella padella con gli ingredienti rimanenti. Portare a ebollizione e scaldare prima di servire.

Pollo fritto con cetriolo

Serve 4

225 g/8 once di carne di pollo

1 albume d'uovo

2,5 ml/½ cucchiaino di farina di mais (amido di mais)

sale

½ cetriolo

30 ml/2 cucchiai di olio di arachidi (arachidi)

100 g di funghi champignon

50 g/2 once di germogli di bambù, tagliati a strisce

50 g/2 once di prosciutto, a cubetti

15 ml/1 cucchiaio di acqua

2,5 ml/½ cucchiaino di sale

2,5 ml/½ cucchiaino di vino di riso o sherry secco

2,5 ml/½ cucchiaino di olio di sesamo

Affettate il pollo e tagliatelo a pezzetti. Mescolare con l'albume, la farina di mais e il sale e lasciare riposare. Tagliare il cetriolo a metà nel senso della lunghezza e tagliarlo in diagonale a fette spesse. Scaldare l'olio e friggere il pollo finché non sarà leggermente dorato, quindi toglierlo dalla padella. Aggiungere il cetriolo e i germogli di bambù e far rosolare per 1 minuto. Riporta il pollo nella padella con il prosciutto, l'acqua, il sale e il vino o lo sherry. Portare a ebollizione e cuocere fino a quando il pollo sarà tenero. Servire cosparso di olio di sesamo.

Pollo al curry con pepe

Serve 4

120 ml/4 fl oz/½ tazza di olio di arachidi (arachidi).

4 pezzi di pollo

1 cipolla tritata

5 ml/1 cucchiaino di curry in polvere

5 ml/1 cucchiaino di salsa di peperoncino

15 ml/1 cucchiaio di vino di riso o sherry secco

2,5 ml/½ cucchiaino di sale

600 ml/1 pt/2½ tazze di brodo di pollo

15 ml/1 cucchiaio di farina di mais (amido di mais)

45 ml/3 cucchiai di acqua

5 ml/1 cucchiaino di olio di sesamo

Scaldare l'olio e friggere i pezzi di pollo fino a doratura su entrambi i lati e toglierli dalla padella. Aggiungere la cipolla, il curry in polvere e la salsa di peperoncino e far rosolare per 1 minuto. Aggiungere il vino o lo sherry e il sale, mescolare bene, quindi rimettere il pollo nella padella e mescolare ancora. Aggiungete il brodo, portate ad ebollizione e fate cuocere lentamente per circa 30 minuti finché il pollo sarà tenero. Se la salsa non si è ridotta abbastanza, mescolare la maizena e l'acqua fino a formare una pasta, incorporare un po' alla salsa e cuocere, mescolando, finché la salsa non si sarà addensata. Servire cosparso di olio di sesamo.

Pollo al curry cinese

Serve 4

45 ml/3 cucchiai di curry in polvere
1 cipolla, affettata
350 g/12 once di pollo, a cubetti
150 ml/¼ pt/½ tazza abbondante di brodo di pollo
5 ml/1 cucchiaino di sale
10 ml/2 cucchiaini di farina di mais (amido di mais)
15 ml/1 cucchiaio di acqua

Scaldare il curry e la cipolla in una padella asciutta per 2 minuti, scuotendo la padella per ricoprire la cipolla. Aggiungere il pollo e mescolare finché non sarà ben ricoperto dal curry. Aggiungete il brodo e il sale, portate a ebollizione, coprite e fate cuocere per circa 5 minuti finché il pollo sarà tenero. Mescolare la maizena e l'acqua fino a formare una pasta, unirla nella padella e cuocere, mescolando, finché la salsa non si sarà addensata.

Pollo al curry veloce

Serve 4

450 g/1 libbra di petto di pollo, a cubetti
45 ml/3 cucchiai di vino di riso o sherry secco
50 g farina di mais (amido di mais)
1 albume d'uovo
sale
150 ml/¼ pt/½ tazza generosa di olio di arachidi (arachidi).
15 ml/1 cucchiaio di curry in polvere
10 ml/2 cucchiaini di zucchero di canna
150 ml/¼ pt/½ tazza abbondante di brodo di pollo

Mescolare i cubetti di pollo e lo sherry. Conservare 10 ml/2 cucchiaini di farina di mais. Sbattere l'albume con la farina di mais rimanente e un pizzico di sale, quindi incorporarlo al pollo fino a quando sarà ben ricoperto. Scaldare l'olio e friggere il pollo finché sarà cotto e dorato. Togliere dalla padella e scolare tutto tranne 15 ml/1 cucchiaio di olio. Aggiungere la farina di mais messa da parte, il curry in polvere e lo zucchero e friggere per 1 minuto. Aggiungete il brodo, portate a ebollizione e fate cuocere, mescolando continuamente, finché la salsa non si sarà addensata. Riporta il pollo nella padella, mescola e riscalda prima di servire.

Pollo al curry con patate

Serve 4

45 ml/3 cucchiai di olio di arachidi (arachidi).

2,5 ml/½ cucchiaino di sale

1 spicchio d'aglio, schiacciato

750 g/1½ lb di pollo, a cubetti

225 g/8 once di patate, a cubetti

4 cipolle, tagliate a spicchi

15 ml/1 cucchiaio di curry in polvere

450 ml/¾ pt/2 tazze di brodo di pollo

225 g/8 once di funghi, affettati

Scaldare l'olio d'oliva con sale e aglio, aggiungere il pollo e rosolarlo leggermente. Aggiungere le patate, le cipolle e il curry in polvere e friggere per 2 minuti. Aggiungere il brodo, portare a ebollizione, coprire e cuocere per circa 20 minuti fino a quando il pollo sarà cotto, mescolando di tanto in tanto. Aggiungete i funghi, togliete il coperchio e fate cuocere per altri 10 minuti finché il liquido non si sarà ridotto.

Cosce di pollo fritte

Serve 4
2 cosce di pollo grandi, disossate
2 cipolline (erba cipollina)
1 fetta di zenzero, schiacciata
120 ml/4 fl oz/½ tazza di salsa di soia
5 ml/1 cucchiaino di vino di riso o sherry secco
olio per friggere
5 ml/1 cucchiaino di olio di sesamo
pepe appena macinato

Distribuire la carne di pollo e incidere il tutto. Frullare 1 erba cipollina e tritare l'altra. Mescolare l'erba cipollina appiattita con lo zenzero, la salsa di soia e il vino o lo sherry. Versare sopra il pollo e marinare per 30 minuti. Rimuovere e scolare. Disporre su un piatto su una griglia a vapore e cuocere a vapore per 20 minuti.

Scaldare l'olio e friggere il pollo per circa 5 minuti fino a doratura. Togliere dalla padella, scolare bene e tagliare a fette spesse, quindi disporre le fette su un piatto da portata caldo. Scaldare l'olio di sesamo, aggiungere l'erba cipollina tritata e il pepe, versare sul pollo e servire.

Pollo fritto con salsa al curry

Serve 4

1 uovo, leggermente sbattuto
30 ml/2 cucchiai di farina di mais (amido di mais)
25 g/1 oncia/¼ tazza di farina semplice (per tutti gli usi)
2,5 ml/½ cucchiaino di sale
225 g/8 once di pollo, a cubetti
olio per friggere
30 ml/2 cucchiai di olio di arachidi (arachidi)
30 ml/2 cucchiai di curry in polvere
60 ml/4 cucchiai di vino di riso o sherry secco

Sbattere l'uovo con la farina di mais, la farina e il sale fino ad ottenere un impasto denso. Versare sopra il pollo e mescolare bene per ricoprirlo. Scaldare l'olio e friggere il pollo fino a quando sarà dorato e cotto. Nel frattempo scaldate l'olio e fate soffriggere il curry in polvere per 1 minuto. Aggiungere il vino o lo sherry e portare a ebollizione. Disporre il pollo su un piatto caldo e versarvi sopra la salsa al curry.

Pollo ubriaco

Serve 4

450 g di filetto di pollo, tagliato a pezzi
60 ml/4 cucchiai di salsa di soia
30 ml/2 cucchiai di salsa hoisin
30 ml/2 cucchiai di salsa di prugne
30 ml/2 cucchiai di aceto di vino
2 spicchi d'aglio, schiacciati
pizzico di sale
qualche goccia di olio al peperoncino
2 albumi
60 ml/4 cucchiai di farina di mais (amido di mais)
olio per friggere
200 ml/½ pt/1¼ tazza di vino di riso o sherry secco

Metti il pollo in una ciotola. Mescolare le salse e l'aceto di vino, l'aglio, il sale e l'olio al peperoncino, versare sul pollo e far marinare in frigorifero per 4 ore. Montare gli albumi a neve ferma e passarli nella farina di mais. Togliere il pollo dalla marinata e ricoprirlo con il composto di albume. Scaldare l'olio e friggere il pollo finché sarà cotto e dorato. Scolatele bene su carta da cucina e mettetele in una ciotola. Versare il vino o lo sherry, coprire e marinare in frigorifero per 12 ore. Togliere il pollo dal vino e servire freddo.

Pollo saporito con uova

Serve 4

30 ml/2 cucchiai di olio di arachidi (arachidi)
4 pezzi di pollo
2 erba cipollina (erba cipollina), tritata
1 spicchio d'aglio, schiacciato
1 fetta di radice di zenzero, tritata
175 ml/6 fl oz/¾ tazza di salsa di soia
30 ml/2 cucchiai di vino di riso o sherry secco
30 ml/2 cucchiai di zucchero di canna
5 ml/1 cucchiaino di sale
375 ml/13 fl oz/1 tazza e ½ di acqua
4 uova sode (dure)

15 ml/1 cucchiaio di farina di mais (amido di mais)

Scaldare l'olio e friggere i pezzi di pollo fino a doratura. Aggiungere le cipolline, l'aglio e lo zenzero e soffriggere per 2 minuti. Aggiungere la salsa di soia, il vino o lo sherry, lo zucchero e il sale e mescolare bene. Aggiungere l'acqua e portare ad ebollizione, coprire e cuocere per 20 minuti. Aggiungete le uova sode, coprite e fate cuocere per altri 15 minuti. Mescolare la maizena con un po' d'acqua, incorporarla alla salsa e cuocere, mescolando, fino a quando la salsa si schiarirà e si sarà addensata.

Involtini di uova di gallina

Serve 4

4 funghi cinesi secchi
100 g/4 oz di pollo, tagliato a strisce
5 ml/1 cucchiaino di farina di mais (amido di mais)
15 ml/1 cucchiaio di salsa di soia
2,5 ml/½ cucchiaino di sale
2,5 ml/½ cucchiaino di zucchero
60 ml/4 cucchiai di olio di arachidi (arachidi).
225 g/8 once di germogli di soia
3 erba cipollina (erba cipollina), tritata
100 g/4 once di spinaci
12 pelli di involtini di uova
1 uovo sbattuto
olio per friggere

Immergere i funghi in acqua tiepida per 30 minuti e scolarli. Eliminare i gambi e tritare le cime. Metti il pollo in una ciotola. Mescolare la farina di mais con 5 ml/1 cucchiaino di salsa di soia, sale e zucchero e incorporarla al pollo. Lasciare riposare per 15 minuti. Scaldare metà dell'olio e friggere il pollo finché non sarà leggermente dorato. Sbollentare i germogli di soia in acqua bollente per 3 minuti e scolarli. Scaldare l'olio rimanente e friggere i cipollotti fino a quando saranno leggermente dorati. Aggiungere i funghi, i germogli di soia, gli spinaci e la rimanente salsa di soia. Aggiungere il pollo e rosolare per 2 minuti. Lasciate raffreddare. Mettete un po' di ripieno al centro di ogni pelle e spennellate i bordi con l'uovo sbattuto. Ripiegare i lati e arrotolare gli involtini, sigillando i bordi con l'uovo. Scaldare l'olio e friggere gli involtini finché non saranno croccanti e dorati.

Pollo al forno con uova

Serve 4

30 ml/2 cucchiai di olio di arachidi (arachidi)
4 filetti di petto di pollo tagliati a listarelle
1 peperone rosso, tagliato a strisce
1 peperone verde, tagliato a strisce
45 ml/3 cucchiai di salsa di soia
45 ml/3 cucchiai di vino di riso o sherry secco
250 ml/8 fl oz/1 tazza di brodo di pollo
100 g/4 once di lattuga iceberg, tritata
5 ml/1 cucchiaino di zucchero di canna
30 ml/2 cucchiai di salsa hoisin
sale e pepe
15 ml/1 cucchiaio di farina di mais (amido di mais)
30 ml/2 cucchiai di acqua
4 uova
30 ml/2 cucchiai di sherry

Scaldare l'olio e friggere il pollo e il pepe fino a doratura. Aggiungere la salsa di soia, il vino o lo sherry e il brodo, portare a ebollizione, coprire e cuocere a fuoco lento per 30 minuti. Aggiungere la lattuga, lo zucchero e la salsa hoisin e condire con sale e pepe. Mescolare la farina di mais e l'acqua, unirla alla salsa e portare a ebollizione mescolando. Sbattere le uova con lo sherry e friggerle come omelette sottili. Salare e pepare e tagliare a listarelle. Disporre su un piatto riscaldato e versare sopra il pollo.

Pollo dell'Estremo Oriente

Serve 4

60 ml/4 cucchiai di olio di arachidi (arachidi).

450 g di carne di pollo, tagliata a pezzi

2 spicchi d'aglio, schiacciati

2,5 ml/½ cucchiaino di sale

2 cipolle, tritate

2 pezzi di gambo di zenzero tritato

45 ml/3 cucchiai di salsa di soia

30 ml/2 cucchiai di salsa hoisin

45 ml/3 cucchiai di vino di riso o sherry secco

300 ml/½ pt/1¼ tazze di brodo di pollo

5 ml/1 cucchiaino di pepe appena macinato

6 uova sode (tritate)

15 ml/1 cucchiaio di farina di mais (amido di mais)

15 ml/1 cucchiaio di acqua

Scaldare l'olio e friggere il pollo fino a doratura. Aggiungere l'aglio, il sale, la cipolla e lo zenzero e soffriggere per 2 minuti. Aggiungere salsa di soia, salsa hoisin, vino o sherry, brodo e pepe. Portare a ebollizione, coprire e cuocere per 30 minuti. Aggiungi le uova. Mescolare la farina di mais e l'acqua e unirla alla salsa. Portare a ebollizione e cuocere, mescolando, finché la salsa non si sarà addensata.

Pollo Foo Yung

Serve 4

6 uova sbattute
45 ml/3 cucchiai di farina di mais (amido di mais)
100 g di funghi, tagliati grossolanamente
225 g/8 oz di petto di pollo, a cubetti
1 cipolla, tritata finemente
5 ml/1 cucchiaino di sale
45 ml/3 cucchiai di olio di arachidi (arachidi).

Sbattere le uova e poi la maizena. Mescolare tutti gli ingredienti rimanenti tranne l'olio. Riscaldare l'olio. Versare il composto nella padella poco alla volta ottenendo delle piccole frittelle di circa 3 centimetri di diametro. Cuocere fino a quando il fondo sarà dorato, girare e cuocere l'altro lato.

Foo Yung Prosciutto e Pollo

Serve 4

6 uova sbattute

45 ml/3 cucchiai di farina di mais (amido di mais)

100 g/4 once di prosciutto, a cubetti

225 g/8 oz di petto di pollo, a cubetti

3 scalogni (erba cipollina), tritati finemente

5 ml/1 cucchiaino di sale

45 ml/3 cucchiai di olio di arachidi (arachidi).

Sbattere le uova e poi la maizena. Mescolare tutti gli ingredienti rimanenti tranne l'olio. Riscaldare l'olio. Versare il composto nella padella poco alla volta ottenendo delle piccole frittelle di circa 3 centimetri di diametro. Cuocere fino a quando il fondo sarà dorato, girare e cuocere l'altro lato.

Pollo Fritto Allo Zenzero

Serve 4

1 pollo, tagliato a metà
4 fette di radice di zenzero, schiacciata
30 ml/2 cucchiai di vino di riso o sherry secco
30 ml/2 cucchiai di salsa di soia
5 ml/1 cucchiaino di zucchero
olio per friggere

Metti il pollo in una ciotola poco profonda. Mescolare lo zenzero, il vino o lo sherry, la salsa di soia e lo zucchero, versare sul pollo e massaggiarlo sulla pelle. Lasciare marinare per 1 ora. Scaldare l'olio e friggere il pollo, metà alla volta, finché non sarà leggermente dorato. Togliere dall'olio e lasciarlo raffreddare leggermente mentre si scalda l'olio. Riporta il pollo nella padella e friggi finché non diventa dorato e ben cotto. Scolare bene prima di servire.

Pollo Con Zenzero

Serve 4

225 g/8 oz di pollo, tagliato a fettine sottili

1 albume d'uovo

pizzico di sale

2,5 ml/½ cucchiaino di farina di mais (amido di mais)

15 ml/1 cucchiaio di olio di arachidi

10 fette di radice di zenzero

6 funghi, tagliati a metà

1 carota, affettata

2 scalogni (scalogno), affettati

5 ml/1 cucchiaino di vino di riso o sherry secco

5 ml/1 cucchiaino di acqua

2,5 ml/½ cucchiaino di olio di sesamo

Mescolare il pollo con l'albume, il sale e la farina di mais. Scaldare metà dell'olio e friggere il pollo finché non sarà leggermente dorato, quindi toglierlo dalla padella. Scaldare l'olio rimasto e friggere lo zenzero, i funghi, la carota e il cipollotto per 3 minuti. Riporta il pollo nella padella con il vino o lo sherry e l'acqua e cuoci finché il pollo non sarà tenero. Servire cosparso di olio di sesamo.

Pollo allo zenzero con funghi e castagne

Serve 4

60 ml/4 cucchiai di olio di arachidi (arachidi).
225 g/8 once di cipolle, affettate
450 g/1 libbra di carne di pollo, a cubetti
100 g di funghi, affettati
30 ml/2 cucchiai di farina semplice (per tutti gli usi)
60 ml/4 cucchiai di salsa di soia
10 ml/2 cucchiaini di zucchero
sale e pepe macinato fresco
900 ml/1½ pt/3¾ tazze di acqua calda
2 fette di radice di zenzero, tritate
450 g/1 libbra di castagne d'acqua

Scaldate metà dell'olio e fate soffriggere le cipolle per 3 minuti, quindi toglietele dalla padella. Scaldare l'olio rimanente e friggere il pollo finché non sarà leggermente dorato.

Aggiungere i funghi e cuocere per 2 minuti. Cospargere il composto con la farina, quindi incorporare la salsa di soia, lo zucchero, il sale e il pepe. Versare l'acqua e lo zenzero, le cipolle e le castagne. Portare a ebollizione, coprire e cuocere a fuoco lento per 20 minuti. Togliete il coperchio e continuate a cuocere a fuoco lento finché la salsa non si sarà ridotta.

Gallina d'oro

Serve 4

8 piccoli pezzi di pollo
300 ml/½ pt/1¼ tazze di brodo di pollo
45 ml/3 cucchiai di salsa di soia
15 ml/1 cucchiaio di vino di riso o sherry secco
5 ml/1 cucchiaino di zucchero
1 radice di zenzero affettata, tritata

Mettete tutti gli ingredienti in una padella capiente, portate ad ebollizione, coprite e fate cuocere per circa 30 minuti finché il pollo sarà ben cotto. Togliete il coperchio e continuate la cottura finché la salsa non si sarà ridotta.

Stufato di pollo dorato marinato

Serve 4

4 pezzi di pollo
300 ml/½ pt/1¼ tazze di salsa di soia
olio per friggere
4 scalogni (erba cipollina), affettati spessi
1 fetta di radice di zenzero, tritata
2 peperoni rossi, affettati
3 spicchi di anice stellato
50 g/2 once di germogli di bambù, affettati
150 ml/1½ pt/½ tazza abbondante di brodo di pollo
30 ml/2 cucchiai di farina di mais (amido di mais)
60 ml/4 cucchiai di acqua
5 ml/1 cucchiaino di olio di sesamo

Tagliare il pollo a pezzi grossi e marinarlo nella salsa di soia per 10 minuti. Rimuovere e scolare, conservando la salsa di soia.

Scaldare l'olio e friggere il pollo per circa 2 minuti finché non sarà leggermente dorato. Rimuovere e scolare. Versare tutto tranne 30 ml/2 cucchiai di olio, quindi aggiungere i cipollotti, lo zenzero, il peperoncino e l'anice stellato e friggere per 1 minuto. Riporta il pollo nella padella con i germogli di bambù e la salsa di soia messa da parte e aggiungi abbastanza brodo da coprire il pollo. Portare a ebollizione e cuocere per circa 10 minuti fino a quando il pollo sarà tenero. Togliere il pollo dalla salsa con una schiumarola e posizionarlo su un piatto riscaldato. Filtrare la salsa e rimetterla nella padella. Mescolare la maizena e l'acqua fino a formare una pasta, unirla alla salsa e cuocere, mescolando, finché la salsa non si sarà addensata.

Monete d'oro

Serve 4

4 filetti di petto di pollo
30 ml/2 cucchiai di miele
30 ml/2 cucchiai di aceto di vino
30 ml/2 cucchiai di ketchup di pomodoro (catsup)
30 ml/2 cucchiai di salsa di soia
pizzico di sale
2 spicchi d'aglio, schiacciati
5 ml/1 cucchiaino di polvere di cinque spezie
45 ml/3 cucchiai di farina semplice (per tutti gli usi)
2 uova, sbattute
5 ml/1 cucchiaino di zenzero grattugiato
5 ml/1 cucchiaino di scorza di limone grattugiata
100 g/4 oz/1 tazza di pangrattato secco
olio per friggere

Metti il pollo in una ciotola. Mescolare insieme miele, aceto di vino, ketchup, salsa di soia, sale, aglio e cinque spezie in polvere.

Versare sul pollo, mescolare bene, coprire e lasciare marinare in frigorifero per 12 ore.

Togliere il pollo dalla marinata e tagliarlo a strisce spesse. Cospargere di farina. Sbattere le uova, lo zenzero e la scorza di limone. Passate il pollo nel composto e poi nel pangrattato fino a quando sarà ben ricoperto. Scaldare l'olio e friggere il pollo fino a doratura.

Pollo al vapore con prosciutto

Serve 4

4 porzioni di pollo
100 g/4 oz di prosciutto affumicato, tritato
3 erba cipollina (erba cipollina), tritata
15 ml/1 cucchiaio di olio di arachidi
sale e pepe macinato fresco
15 ml/1 cucchiaio di prezzemolo a foglia piatta

Tagliare le porzioni di pollo in pezzi di 5 cm/1 e metterle in una ciotola resistente al calore insieme al prosciutto e ai cipollotti. Irrorare con olio d'oliva e condire con sale e pepe, quindi mescolare delicatamente gli ingredienti. Posizionare la ciotola su una griglia in una vaporiera, coprire e cuocere a vapore in acqua bollente per circa 40 minuti fino a quando il pollo sarà tenero. Servire guarnito con prezzemolo.

Pollo con salsa Hoisin

Serve 4

4 porzioni di pollo, tagliate a metà
50 g/2 once/½ tazza di farina di mais (amido di mais)
olio per friggere
10 ml/2 cucchiaino di radice di zenzero grattugiata
2 cipolle, tritate
225 g di cimette di broccoli
1 peperone rosso, tritato
225 g di funghi champignon
250 ml/8 fl oz/1 tazza di brodo di pollo
45 ml/3 cucchiai di vino di riso o sherry secco
45 ml/3 cucchiai di aceto di sidro
45 ml/3 cucchiai di salsa hoisin
20 ml/4 cucchiaini di salsa di soia

Ricoprire i pezzi di pollo con metà della farina di mais. Scaldare l'olio e friggere i pezzi di pollo, pochi alla volta, per circa 8 minuti, fino a quando saranno dorati e ben cotti. Togliere dalla padella e scolare su carta da cucina. Togliere dalla padella tutto tranne 30 ml/2 cucchiai di olio e friggere lo zenzero per 1 minuto. Aggiungere la cipolla e far rosolare per 1 minuto. Aggiungere i broccoli, il peperone e i funghi e far rosolare per 2 minuti. Unire il brodo con la farina di mais riservata e gli ingredienti rimanenti e aggiungere alla padella. Portare a ebollizione, mescolando e cuocere finché la salsa non si schiarisce. Riporta il pollo nel wok e cuoci, mescolando, per circa 3 minuti fino a quando non sarà completamente riscaldato.

Pollo al miele

Serve 4

30 ml/2 cucchiai di olio di arachidi (arachidi)
4 pezzi di pollo
30 ml/2 cucchiai di salsa di soia
120 ml/4 fl oz/½ tazza di vino di riso o sherry secco
30 ml/2 cucchiai di miele
5 ml/1 cucchiaino di sale
1 erba cipollina (erba cipollina), tritata
1 fetta di radice di zenzero, tritata finemente

Scaldare l'olio e friggere il pollo finché non sarà dorato su tutti i lati. Scaricare l'olio in eccesso. Mescolare i restanti ingredienti e versarli nella padella. Portare a ebollizione, coprire e cuocere per circa 40 minuti fino a quando il pollo sarà cotto.

Pollo Kung Pao

Serve 4

450 g/1 libbra di pollo, a cubetti
1 albume d'uovo
5 ml/1 cucchiaino di sale
30 ml/2 cucchiai di farina di mais (amido di mais)
60 ml/4 cucchiai di olio di arachidi (arachidi).
25 g/1 oncia di peperoni rossi secchi, tagliati
5 ml/1 cucchiaino di aglio tritato
15 ml/1 cucchiaio di salsa di soia
15 ml/1 cucchiaio di vino di riso o sherry secco 5 ml/1 cucchiaino di zucchero
5 ml/1 cucchiaino di aceto di vino
5 ml/1 cucchiaino di olio di sesamo
30 ml/2 cucchiai di acqua

Mettete il pollo in una ciotola con l'albume, il sale e metà della maizena e lasciate marinare per 30 minuti. Scaldare l'olio e friggere il pollo finché non sarà leggermente dorato, quindi toglierlo dalla padella. Riscaldare l'olio e soffriggere i peperoni e l'aglio per 2 minuti. Riporta il pollo nella padella con la salsa di soia, il vino o lo sherry, lo zucchero, l'aceto di vino e l'olio di sesamo e friggi per 2 minuti. Mescolare la farina di mais rimanente con l'acqua, incorporarla nella padella e cuocere, mescolando, finché la salsa non si schiarisce e si addensa.

Pollo con porri

Serve 4

30 ml/2 cucchiai di olio di arachidi (arachidi)
5 ml/1 cucchiaino di sale
225 g/8 oz porri, affettati
1 fetta di radice di zenzero, tritata
225 g/8 oz di pollo, tagliato a fettine sottili
15 ml/1 cucchiaio di vino di riso o sherry secco
15 ml/1 cucchiaio di salsa di soia

Scaldate metà dell'olio e fate rosolare il sale e i porri finché saranno leggermente dorati, quindi toglieteli dalla padella. Scaldare l'olio rimanente e friggere lo zenzero e il pollo finché non saranno leggermente dorati. Aggiungere il vino o lo sherry e la salsa di soia e friggere per altri 2 minuti fino a quando il pollo sarà cotto. Riporta i porri nella padella e mescola fino a quando non saranno completamente riscaldati. Servire subito.

pollo al limone

Serve 4

4 petti di pollo disossati

2 uova

50 g/2 once/½ tazza di farina di mais (amido di mais)

50 g/2 oz/½ tazza di farina semplice (per tutti gli usi)

150 ml/¼ pt/½ tazza generosa di acqua

olio di arachidi (arachidi) per friggere

250 ml/8 fl oz/1 tazza di brodo di pollo

60 ml/5 cucchiai di succo di limone

30 ml/2 cucchiai di vino di riso o sherry secco

30 ml/2 cucchiai di farina di mais (amido di mais)

30 ml/2 cucchiai di passata di pomodoro (pasta)

1 cespo di lattuga

Tagliare ogni petto di pollo in 4 pezzi. Sbattere le uova, la farina di mais e la farina di frumento, aggiungendo acqua quanto basta per ottenere un impasto denso. Metti i pezzi di pollo nella pastella e mescola fino a quando saranno ben ricoperti. Scaldare l'olio e friggere il pollo fino a quando sarà dorato e cotto.

Nel frattempo, unire il brodo, il succo di limone, il vino o lo sherry, l'amido di mais e la passata di pomodoro e scaldare dolcemente, mescolando, finché il composto non arriva a ebollizione. Cuocere dolcemente, mescolando continuamente, finché la salsa non si addensa e diventa chiara. Disporre il pollo su un piatto caldo su un letto di foglie di lattuga e versarvi sopra la salsa oppure servire a parte.

Pollo Fritto Al Limone

Serve 4

450 g/1 libbra di pollo disossato, tagliato a fette
30 ml/2 cucchiai di succo di limone
15 ml/1 cucchiaio di salsa di soia
15 ml/1 cucchiaio di vino di riso o sherry secco
30 ml/2 cucchiai di farina di mais (amido di mais)
30 ml/2 cucchiai di olio di arachidi (arachidi)
2,5 ml/½ cucchiaino di sale
2 spicchi d'aglio, schiacciati
50 g di castagne d'acqua, tagliate a listarelle
50 g/2 once di germogli di bambù, tagliati a strisce
alcune foglie cinesi, tagliate a strisce
60 ml/4 cucchiai di brodo di pollo
15 ml/1 cucchiaio di passata di pomodoro (pasta)
15 ml/1 cucchiaio di zucchero
15 ml/1 cucchiaio di succo di limone

Metti il pollo in una ciotola. Mescolare il succo di limone, la salsa di soia, il vino o lo sherry e 15 ml/1 cucchiaio di maizena, versare sul pollo e lasciarlo marinare per 1 ora, girando di tanto in tanto.

Scaldare l'olio d'oliva, il sale e l'aglio fino a quando l'aglio sarà leggermente dorato, quindi aggiungere il pollo e la marinata e far rosolare per circa 5 minuti fino a quando il pollo sarà leggermente dorato. Aggiungere le castagne d'acqua, i germogli di bambù e le foglie cinesi e far rosolare per altri 3 minuti o fino a quando il pollo sarà cotto. Aggiungere gli ingredienti rimanenti e far rosolare per circa 3 minuti finché la salsa non si schiarisce e si addensa.

Fegato di pollo con germogli di bambù

Serve 4

225 g/8 oz di fegato di pollo, tagliato a fette spesse
45 ml/3 cucchiai di vino di riso o sherry secco
45 ml/3 cucchiai di olio di arachidi (arachidi).
15 ml/1 cucchiaio di salsa di soia
100 g/4 oz di germogli di bambù, affettati
100 g di castagne d'acqua, a fette
60 ml/4 cucchiai di brodo di pollo
sale e pepe macinato fresco

Mescolare i fegatini con il vino o lo sherry e lasciar riposare per 30 minuti. Scaldare l'olio e friggere i fegatini di pollo fino a quando saranno leggermente dorati. Aggiungere la marinata, la salsa di soia, i germogli di bambù, le castagne d'acqua e il brodo. Portare a ebollizione e condire con sale e pepe. Coprire e cuocere per circa 10 minuti fino a quando saranno teneri.

Fegato di pollo fritto

Serve 4

450 g/1 libbra di fegatini di pollo, tagliati a metà
50 g/2 once/½ tazza di farina di mais (amido di mais)
olio per friggere

Asciugare i fegatini di pollo e spolverarli con farina di mais, eliminando l'eccesso. Scaldare l'olio e friggere i fegatini di pollo per qualche minuto finché non saranno dorati e ben cotti. Scolare su carta da cucina prima di servire.

Fegato di pollo con taccole

Serve 4

225 g/8 oz di fegato di pollo, tagliato a fette spesse
10 ml/2 cucchiaini di farina di mais (amido di mais)
10 ml/2 cucchiaini di vino di riso o sherry secco
15 ml/1 cucchiaio di salsa di soia
45 ml/3 cucchiai di olio di arachidi (arachidi).
2,5 ml/½ cucchiaino di sale
2 fette di radice di zenzero, tritate
100 g/4 once di taccole (piselli)
10 ml/2 cucchiaini di farina di mais (amido di mais)
60 ml/4 cucchiai di acqua

Metti i fegatini di pollo in una ciotola. Aggiungere la farina di mais, il vino o lo sherry e la salsa di soia e mescolare bene per ricoprire. Scaldare metà dell'olio e friggere il sale e lo zenzero fino a doratura. Aggiungete le taccole e friggetele finché saranno ben ricoperte d'olio, quindi toglietele dalla padella. Scaldare l'olio rimanente e friggere i fegatini di pollo per 5 minuti fino a cottura ultimata. Mescolare la maizena e l'acqua fino a formare una pasta, unirla nella padella e cuocere, mescolando, finché la salsa non sarà chiara e addensata. Riporta le taccole nella padella e cuoci finché non saranno ben cotte.

Fegato di pollo con frittella di pasta

Serve 4

30 ml/2 cucchiai di olio di arachidi (arachidi)
1 cipolla, affettata
450 g/1 libbra di fegatini di pollo, tagliati a metà
2 gambi di sedano, affettati
120 ml/4 fl oz/½ tazza di brodo di pollo
15 ml/1 cucchiaio di farina di mais (amido di mais)
15 ml/1 cucchiaio di salsa di soia
30 ml/2 cucchiai di acqua
frittella di maccheroni

Scaldare l'olio e friggere la cipolla finché non sarà appassita. Aggiungere i fegatini di pollo e friggerli fino a doratura. Aggiungere il sedano e far rosolare per 1 minuto. Aggiungere il brodo, portare ad ebollizione, coprire e cuocere per 5 minuti. Mescolare la maizena, la salsa di soia e l'acqua fino a formare una pasta, unirla nella padella e cuocere, mescolando, finché la salsa non sarà chiara e addensata. Versare il composto sulla frittella di maccheroni e servire.

Fegato di pollo con salsa di ostriche

Serve 4

45 ml/3 cucchiai di olio di arachidi (arachidi).
1 cipolla tritata
225 g/8 oz di fegatini di pollo, tagliati a metà
100 g di funghi, affettati
30 ml/2 cucchiai di salsa di ostriche
15 ml/1 cucchiaio di salsa di soia
15 ml/1 cucchiaio di vino di riso o sherry secco
120 ml/4 fl oz/½ tazza di brodo di pollo
5 ml/1 cucchiaino di zucchero
15 ml/1 cucchiaio di farina di mais (amido di mais)
45 ml/3 cucchiai di acqua

Scaldare metà dell'olio e friggere la cipolla fino a doratura. Aggiungere i fegatini di pollo e friggerli fino a doratura.

Aggiungere i funghi e friggere per 2 minuti. Mescolare la salsa di ostriche, la salsa di soia, il vino o lo sherry, il brodo e lo zucchero, versare nella padella e portare a ebollizione mescolando. Mescolare la maizena e l'acqua fino a formare una pasta, aggiungerla nella padella e cuocere, mescolando, finché la salsa non si sarà schiarita e addensata e i fegatini saranno teneri.

Fegato di pollo con ananas

Serve 4

225 g/8 oz di fegatini di pollo, tagliati a metà
45 ml/3 cucchiai di olio di arachidi (arachidi).
30 ml/2 cucchiai di salsa di soia
15 ml/1 cucchiaio di farina di mais (amido di mais)
15 ml/1 cucchiaio di zucchero
15 ml/1 cucchiaio di aceto di vino
sale e pepe macinato fresco
Pezzi di ananas da 100 g/4 once
60 ml/4 cucchiai di brodo di pollo

Sbollentare i fegatini di pollo in acqua bollente per 30 secondi e scolarli. Scaldare l'olio e friggere i fegatini di pollo per 30 secondi. Mescolare la salsa di soia, la farina di mais, lo zucchero, l'aceto di vino, sale e pepe, versare nella padella e mescolare bene per ricoprire i fegatini di pollo. Aggiungete i pezzi di ananas e il brodo e fate rosolare per circa 3 minuti fino a quando i fegatini saranno cotti.

Fegato di pollo in agrodolce

Serve 4

30 ml/2 cucchiai di olio di arachidi (arachidi)
450 g/1 libbra di fegato di pollo, tagliato in quarti
2 peperoni verdi, tagliati a pezzi
4 fette di ananas in scatola, tagliate a pezzi
60 ml/4 cucchiai di brodo di pollo
30 ml/2 cucchiai di farina di mais (amido di mais)
10 ml/2 cucchiaini di salsa di soia
100 g/4 once/½ tazza di zucchero
120 ml/4 fl oz/½ tazza di aceto di vino
120 ml/4 fl oz/½ tazza di acqua

Scaldare l'olio e friggere i fegatini finché non saranno leggermente dorati, quindi trasferirli su un piatto riscaldato. Aggiungere i peperoni nella padella e friggerli per 3 minuti.

Aggiungere l'ananas e il brodo, portare a ebollizione, coprire e cuocere a fuoco lento per 15 minuti. Mescolare gli ingredienti rimanenti fino a formare una pasta, aggiungerli nella padella e cuocere, mescolando, finché la salsa non si sarà addensata. Versare sui fegatini di pollo e servire.

Pollo con litchi

Serve 4

3 petti di pollo
60 ml/4 cucchiai di farina di mais (amido di mais)
45 ml/3 cucchiai di olio di arachidi (arachidi).
5 scalogni (scalogno), affettati
1 peperone rosso, tagliato a pezzi
120 ml/4 fl oz/½ tazza di salsa di pomodoro
120 ml/4 fl oz/½ tazza di brodo di pollo
5 ml/1 cucchiaino di zucchero
275 g/10 oz di litchi sbucciati

Tagliare i petti di pollo a metà ed eliminare ed eliminare le ossa e la pelle. Tagliare ciascun petto in 6 parti. Mettere da parte 5 ml/1 cucchiaino di maizena e aggiungere il resto del pollo finché non sarà ben ricoperto. Scaldare l'olio e friggere il pollo per circa 8 minuti fino a doratura. Aggiungere l'erba cipollina e il pepe e far rosolare per 1 minuto. Mescolare la salsa di pomodoro, metà del brodo e lo zucchero e mantecare nel wok con i litchi. Portare a ebollizione, coprire e cuocere per circa 10 minuti fino a quando il pollo sarà cotto. Mescolare la farina di mais e il brodo messi da parte, quindi incorporarli nella padella. Cuocere, mescolando, finché la salsa non si schiarisce e si addensa.

Pollo con salsa al litchi

Serve 4

225 g/8 once di pollo

1 cipollotto (erba cipollina)

4 castagne d'acqua

30 ml/2 cucchiai di farina di mais (amido di mais)

45 ml/3 cucchiai di salsa di soia

30 ml/2 cucchiai di vino di riso o sherry secco

2 albumi

olio per friggere

400 g di litchi in scatola sciroppati

5 cucchiai di brodo di pollo

Tritare (tritare) il pollo con l'erba cipollina e le castagne d'acqua. Mescolare metà della maizena, 30 ml/2 cucchiai di salsa di soia, il vino o lo sherry e gli albumi. Formate con il composto delle palline grandi quanto una noce. Scaldare l'olio e friggere il pollo fino a doratura. Scolare su carta da cucina.

Nel frattempo scaldare delicatamente lo sciroppo di litchi con il brodo e la salsa di soia messa da parte. Mescolare la farina di mais rimasta con un po' d'acqua, incorporarla nella padella e cuocere, mescolando, finché la salsa non si schiarirà e si sarà addensata. Aggiungere i litchi e cuocere a fuoco lento per farli scaldare. Disporre il pollo su un piatto riscaldato, versarvi sopra i litchi e la salsa e servire subito.

Pollo con taccole

Serve 4

225 g/8 oz di pollo, tagliato a fettine sottili
5 ml/1 cucchiaino di farina di mais (amido di mais)
5 ml/1 cucchiaino di vino di riso o sherry secco
5 ml/1 cucchiaino di olio di sesamo
1 albume d'uovo, leggermente sbattuto
45 ml/3 cucchiai di olio di arachidi (arachidi).
1 spicchio d'aglio, schiacciato
1 fetta di radice di zenzero, tritata
100 g/4 once di taccole (piselli)
120 ml/4 fl oz/½ tazza di brodo di pollo

sale e pepe macinato fresco

Mescolare il pollo con la farina di mais, il vino o lo sherry, l'olio di sesamo e l'albume. Scaldare metà dell'olio e soffriggere l'aglio e lo zenzero fino a quando saranno leggermente dorati. Aggiungere il pollo e friggerlo fino a doratura e toglierlo dalla padella. Scaldare l'olio rimanente e friggere le taccole per 2 minuti. Aggiungere il brodo, portare ad ebollizione, coprire e cuocere per 2 minuti. Riporta il pollo nella padella e condisci con sale e pepe. Cuocere delicatamente finché non sarà completamente riscaldato.

Pollo al mango

Serve 4

100 g/4 oz/1 tazza di farina semplice (per tutti gli usi)
250 ml/8 fl oz/1 tazza di acqua
2,5 ml/½ cucchiaino di sale
pizzico di lievito
3 petti di pollo
olio per friggere
1 fetta di radice di zenzero, tritata
150 ml/¼ pt/½ tazza abbondante di brodo di pollo
45 ml/3 cucchiai di aceto di vino
45 ml/3 cucchiai di vino di riso o sherry secco

20 ml/4 cucchiaini di salsa di soia

10 ml/2 cucchiaini di zucchero

10 ml/2 cucchiaini di farina di mais (amido di mais)

5 ml/1 cucchiaino di olio di sesamo

5 scalogni (scalogno), affettati

400 g di manghi in scatola, scolati e tagliati a listarelle

Mescolare la farina, l'acqua, il sale e il lievito. Lasciare riposare per 15 minuti. Rimuovere ed eliminare la pelle e le ossa dal pollo. Tagliare il pollo a strisce sottili. Mescolateli al composto di farina. Scaldare l'olio e friggere il pollo per circa 5 minuti fino a doratura. Togliere dalla padella e scolare su carta da cucina. Togliere dal wok tutto tranne 15 ml/1 cucchiaio di olio e friggere lo zenzero finché non diventa leggermente dorato. Mescolare il brodo con aceto di vino, vino o sherry, salsa di soia, zucchero, farina di mais e olio di sesamo. Aggiungere nella padella e scaldare, mescolando. Aggiungere l'erba cipollina e far rosolare per 3 minuti. Aggiungere il pollo e i manghi e cuocere, mescolando, per 2 minuti.

Melone ripieno di pollo

Serve 4

350 g/12 once di carne di pollo

6 castagne d'acqua

2 capesante sgusciate

4 fette di radice di zenzero

5 ml/1 cucchiaino di sale

15 ml/1 cucchiaio di salsa di soia

600 ml/1 pt/2½ tazze di brodo di pollo

8 meloni cantalupo piccoli o 4 medi

Tritare finemente il pollo, le castagne, le capesante e lo zenzero e unirli al sale, alla salsa di soia e al brodo. Tagliare le cime dei meloni e rimuovere i semi. Cuci i bordi superiori. Riempire i meloni con il composto di pollo e posizionarli su una griglia per cottura a vapore. Cuocere a vapore in acqua bollente per 40 minuti fino a quando il pollo sarà completamente cotto.

Stufato di pollo e funghi

Serve 4

45 ml/3 cucchiai di olio di arachidi (arachidi).

1 spicchio d'aglio, schiacciato

1 erba cipollina (erba cipollina), tritata

1 fetta di radice di zenzero, tritata

225 g di petto di pollo, tagliato a pezzi

225 g di funghi champignon

45 ml/3 cucchiai di salsa di soia

15 ml/1 cucchiaio di vino di riso o sherry secco

5 ml/1 cucchiaino di farina di mais (amido di mais)

Scaldare l'olio e soffriggere l'aglio, il cipollotto e lo zenzero finché saranno leggermente dorati. Aggiungere il pollo e far rosolare per 5 minuti. Aggiungere i funghi e farli rosolare per 3 minuti. Aggiungere la salsa di soia, il vino o lo sherry e la farina di mais e friggere per circa 5 minuti fino a quando il pollo sarà cotto.

Pollo con funghi e arachidi

Serve 4

30 ml/2 cucchiai di olio di arachidi (arachidi)
2 spicchi d'aglio, schiacciati
1 fetta di radice di zenzero, tritata
450 g/1 libbra di pollo disossato, tagliato a cubetti
225 g di funghi champignon
100 g/4 oz di germogli di bambù, tagliati a strisce
1 peperone verde, tagliato a dadini
1 peperone rosso, tagliato a dadini

250 ml/8 fl oz/1 tazza di brodo di pollo
30 ml/2 cucchiai di vino di riso o sherry secco
15 ml/1 cucchiaio di salsa di soia
15 ml/1 cucchiaio di salsa Tabasco
30 ml/2 cucchiai di farina di mais (amido di mais)
30 ml/2 cucchiai di acqua

Scaldare l'olio d'oliva, l'aglio e lo zenzero finché l'aglio non sarà leggermente dorato. Aggiungere il pollo e rosolarlo finché non sarà leggermente dorato. Aggiungere i funghi, i germogli di bambù e i peperoni e far rosolare per 3 minuti. Aggiungere il brodo, il vino o lo sherry, la salsa di soia e la salsa Tabasco e portare a ebollizione mescolando. Coprire e cuocere per circa 10 minuti fino a quando il pollo sarà cotto. Mescolare la farina di mais e l'acqua e unirli alla salsa. Cuocere, mescolando, fino a quando la salsa si schiarisce e si addensa, aggiungendo ancora un po' di brodo o acqua se la salsa è troppo densa.

Pollo Arrosto Con Funghi

Serve 4

6 funghi cinesi secchi
1 petto di pollo, tagliato a fettine sottili
1 fetta di radice di zenzero, tritata
2 erba cipollina (erba cipollina), tritata
15 ml/1 cucchiaio di farina di mais (amido di mais)
15 ml/1 cucchiaio di vino di riso o sherry secco
30 ml/2 cucchiai di acqua
2,5 ml/½ cucchiaino di sale
45 ml/3 cucchiai di olio di arachidi (arachidi).

225 g/8 once di funghi, affettati
100 g di germogli di soia
15 ml/1 cucchiaio di salsa di soia
5 ml/1 cucchiaino di zucchero
120 ml/4 fl oz/½ tazza di brodo di pollo

Immergere i funghi in acqua tiepida per 30 minuti e scolarli. Eliminare i gambi e tagliare le sommità. Metti il pollo in una ciotola. Mescolare lo zenzero, l'erba cipollina, la farina di mais, il vino o lo sherry, l'acqua e il sale, unire al pollo e lasciare riposare per 1 ora. Scaldare metà dell'olio e friggere il pollo finché non sarà leggermente dorato, quindi toglierlo dalla padella. Scaldare l'olio rimasto e far rosolare i funghi secchi e freschi e i germogli di soia per 3 minuti. Aggiungete la salsa di soia, lo zucchero e il brodo, portate a ebollizione, coprite e fate cuocere per 4 minuti finché le verdure saranno tenere. Riporta il pollo nella padella, mescola bene e riscalda delicatamente prima di servire.

Pollo al vapore con funghi

Serve 4

4 pezzi di pollo
30 ml/2 cucchiai di farina di mais (amido di mais)

30 ml/2 cucchiai di salsa di soia

3 erba cipollina (erba cipollina), tritata

2 fette di radice di zenzero, tritate

2,5 ml/½ cucchiaino di sale

100 g di funghi, affettati

Tagliare i pezzi di pollo in pezzi di 5 cm/2 e metterli in una ciotola resistente al calore. Mescolare la farina di mais e la salsa di soia fino a formare una pasta, aggiungere i cipollotti, lo zenzero e il sale e mescolare bene con il pollo. Mescolare delicatamente i funghi. Posizionare la ciotola su una griglia in una vaporiera, coprire e cuocere a vapore in acqua bollente per circa 35 minuti finché il pollo non sarà tenero.

Pollo con cipolla

Serve 4

60 ml/4 cucchiai di olio di arachidi (arachidi).

2 cipolle, tritate

450 g/1 libbra di pollo, affettato

30 ml/2 cucchiai di vino di riso o sherry secco

250 ml/8 fl oz/1 tazza di brodo di pollo

45 ml/3 cucchiai di salsa di soia

30 ml/2 cucchiai di farina di mais (amido di mais)

45 ml/3 cucchiai di acqua

Scaldare l'olio e friggere la cipolla fino a quando sarà leggermente dorata. Aggiungere il pollo e friggerlo finché non sarà leggermente dorato. Aggiungere il vino o lo sherry, il brodo e la salsa di soia, portare a ebollizione, coprire e cuocere per 25 minuti finché il pollo sarà tenero. Mescolare la maizena e l'acqua fino a formare una pasta, unirla nella padella e cuocere, mescolando, finché la salsa non sarà chiara e addensata.

Pollo all'arancia e limone

Serve 4

350 g di carne di pollo, tagliata a listarelle
30 ml/2 cucchiai di olio di arachidi (arachidi)
2 spicchi d'aglio, schiacciati
2 fette di radice di zenzero, tritate
buccia grattugiata di ½ arancia
buccia grattugiata di ½ limone
45 ml/3 cucchiai di succo d'arancia
45 ml/3 cucchiai di succo di limone
15 ml/1 cucchiaio di salsa di soia

3 erba cipollina (erba cipollina), tritata
15 ml/1 cucchiaio di farina di mais (amido di mais)
45 ml/1 cucchiaio di acqua

Sbollentare il pollo in acqua bollente per 30 secondi e scolarlo. Scaldare l'olio e soffriggere l'aglio e lo zenzero per 30 secondi. Aggiungere la scorza e il succo di arancia e limone, la salsa di soia e i cipollotti e far rosolare per 2 minuti. Aggiungere il pollo e cuocere per qualche minuto fino a quando il pollo sarà tenero. Mescolare la maizena e l'acqua fino a formare una pasta, unirla nella padella e cuocere, mescolando, finché la salsa non si sarà addensata.

Pollo con salsa di ostriche

Serve 4

30 ml/2 cucchiai di olio di arachidi (arachidi)
1 spicchio d'aglio, schiacciato
1 fetta di zenzero, tritata finemente
450 g/1 libbra di pollo, affettato
250 ml/8 fl oz/1 tazza di brodo di pollo
30 ml/2 cucchiai di salsa di ostriche
15 ml/1 cucchiaio di vino di riso o sherry
5 ml/1 cucchiaino di zucchero

Scaldare l'olio con l'aglio e lo zenzero e friggere fino a leggera doratura. Aggiungere il pollo e rosolarlo per circa 3 minuti finché non sarà leggermente dorato. Aggiungere il brodo, la salsa di ostriche, il vino o lo sherry e lo zucchero, portare a ebollizione, mescolando, quindi coprire e cuocere per circa 15 minuti, mescolando di tanto in tanto, finché il pollo non sarà cotto. Togliete il coperchio e continuate a cuocere, mescolando, per circa 4 minuti, finché la salsa non si sarà ridotta e si sarà addensata.

Porzioni di pollo

Serve 4

225 g/8 once di pollo
30 ml/2 cucchiai di vino di riso o sherry secco
30 ml/2 cucchiai di salsa di soia
carta pergamena o carta pergamena
30 ml/2 cucchiai di olio di arachidi (arachidi)
olio per friggere

Tagliare il pollo a cubetti di 5 cm/2. Mescolare il vino o lo sherry e la salsa di soia, versare sul pollo e mescolare bene. Coprite e lasciate riposare per 1 ora, mescolando di tanto in tanto. Tagliare la carta in 4 quadrati di 10 cm/4 e spennellare con olio. Scolare bene il pollo. Posiziona un pezzo di carta sulla superficie di lavoro con un angolo rivolto verso di te. Metti un pezzo di pollo nel quadrato appena sotto il centro, piegalo nell'angolo inferiore e piegalo ancora per racchiudere il pollo. Piega i lati, quindi piega l'angolo superiore per fissare il pacco. Scaldare l'olio e friggere i pezzi di pollo per circa 5 minuti fino a cottura. Servire caldo in confezioni affinché gli ospiti possano aprire.

Pollo alle arachidi

Serve 4

225 g/8 oz di pollo, tagliato a fettine sottili
1 albume d'uovo, leggermente sbattuto
10 ml/2 cucchiaini di farina di mais (amido di mais)
45 ml/3 cucchiai di olio di arachidi (arachidi).
1 spicchio d'aglio, schiacciato
1 fetta di radice di zenzero, tritata
2 porri, tritati
30 ml/2 cucchiai di salsa di soia

15 ml/1 cucchiaio di vino di riso o sherry secco
100 g/4 oz di arachidi tostate

Mescolare il pollo con l'albume e la farina di mais fino a ricoprirlo bene. Scaldare metà dell'olio e friggere il pollo fino a doratura e toglierlo dalla padella. Scaldare l'olio rimanente e friggere l'aglio e lo zenzero fino a renderli morbidi. Aggiungere il porro e friggerlo finché non sarà leggermente dorato. Aggiungere la salsa di soia e il vino o lo sherry e cuocere per 3 minuti. Riporta il pollo nella padella con le arachidi e cuocilo lentamente finché non sarà completamente riscaldato.

Pollo al burro di arachidi

Serve 4

4 petti di pollo, tagliati a cubetti
sale e pepe macinato fresco
5 ml/1 cucchiaino di polvere di cinque spezie
45 ml/3 cucchiai di olio di arachidi (arachidi).
1 cipolla, tagliata a dadini
2 carote, a dadini
1 gambo di sedano, tagliato a cubetti
300 ml/½ pt/1 ¼ tazze di brodo di pollo

10 ml/2 cucchiaini di passata di pomodoro (pasta)
100 g/4 once di burro di arachidi
15 ml/1 cucchiaio di salsa di soia
10 ml/2 cucchiaini di farina di mais (amido di mais)
pizzico di zucchero di canna
15 ml/1 cucchiaio di erba cipollina tritata

Condire il pollo con sale, pepe e polvere di cinque spezie. Scaldare l'olio e friggere il pollo finché è tenero. Togliere dalla padella. Aggiungete le verdure e fatele rosolare finché saranno tenere ma ancora croccanti. Mescolare il brodo con gli altri ingredienti, tranne l'erba cipollina, mantecare in padella e portare a bollore. Riporta il pollo nella padella e riscaldalo, mescolando. Servire cosparso di zucchero.

Pollo con piselli

Serve 4

60 ml/4 cucchiai di olio di arachidi (arachidi).
1 cipolla tritata
450 g/1 libbra di pollo, a cubetti
sale e pepe macinato fresco
100 g di piselli
2 gambi di sedano, tritati
100 g/4 once di funghi, tritati

250 ml/8 fl oz/1 tazza di brodo di pollo
15 ml/1 cucchiaio di farina di mais (amido di mais)
15 ml/1 cucchiaio di salsa di soia
60 ml/4 cucchiai di acqua

Scaldare l'olio e friggere la cipolla fino a quando sarà leggermente dorata. Aggiungere il pollo e friggerlo fino a doratura. Salare e pepare e aggiungere i piselli, il sedano e i funghi e mescolare bene. Aggiungere il brodo, portare ad ebollizione, coprire e cuocere a fuoco lento per 15 minuti. Mescolare la maizena, la salsa di soia e l'acqua fino a formare una pasta, unirla nella padella e cuocere, mescolando, finché la salsa non sarà chiara e addensata.

Pollo alla pechinese

Serve 4

4 porzioni di pollo
sale e pepe macinato fresco
5 ml/1 cucchiaino di zucchero
1 erba cipollina (erba cipollina), tritata
1 fetta di radice di zenzero, tritata
15 ml/1 cucchiaio di salsa di soia

15 ml/1 cucchiaio di vino di riso o sherry secco
15 ml/1 cucchiaio di farina di mais (amido di mais)
olio per friggere

Metti le porzioni di pollo in una ciotola poco profonda e cospargile di sale e pepe. Mescolare lo zucchero, l'erba cipollina, lo zenzero, la salsa di soia e il vino o lo sherry, strofinare sul pollo, coprire e lasciare marinare per 3 ore. Scolare il pollo e cospargerlo con farina di mais. Scaldare l'olio e friggere il pollo fino a quando sarà dorato e cotto. Scolare bene prima di servire.

Pollo al pepe

Serve 4

60 ml/4 cucchiai di salsa di soia
45 ml/3 cucchiai di vino di riso o sherry secco
45 ml/3 cucchiai di farina di mais (amido di mais)
450 g/1 libbra di pollo, tritato (macinato)
60 ml/4 cucchiai di olio di arachidi (arachidi).
2,5 ml/½ cucchiaino di sale
2 spicchi d'aglio, schiacciati
2 peperoni rossi, tagliati a dadini

1 peperone verde, tagliato a dadini
5 ml/1 cucchiaino di zucchero
300 ml/½ pt/1 ¼ tazze di brodo di pollo

Mescola metà salsa di soia, metà vino o sherry e metà farina di mais. Versare sul pollo, mescolare bene e lasciare marinare per almeno 1 ora. Scaldare metà dell'olio d'oliva con sale e aglio fino a quando l'aglio sarà leggermente dorato. Aggiungere il pollo e la marinata e far rosolare per circa 4 minuti fino a quando il pollo diventa bianco e togliere dalla padella. Aggiungere l'olio rimanente nella padella e friggere i peperoni per 2 minuti. Aggiungere lo zucchero nella padella con la salsa di soia rimanente, il vino o lo sherry e la farina di mais e mescolare bene. Aggiungere il brodo, portare a ebollizione e cuocere, mescolando, finché la salsa non si sarà addensata. Riporta il pollo nella padella, copri e cuoci per 4 minuti fino a quando il pollo sarà cotto.

Pollo Arrosto Al Pepe

Serve 4

1 petto di pollo, tagliato a fettine sottili
2 fette di radice di zenzero, tritate
2 erba cipollina (erba cipollina), tritata
15 ml/1 cucchiaio di farina di mais (amido di mais)
30 ml/2 cucchiai di vino di riso o sherry secco
30 ml/2 cucchiai di acqua
2,5 ml/½ cucchiaino di sale
45 ml/3 cucchiai di olio di arachidi (arachidi).

100 g di castagne d'acqua, a fette
1 peperone rosso, tagliato a strisce
1 peperone verde, tagliato a strisce
1 peperone giallo, tagliato a listarelle
30 ml/2 cucchiai di salsa di soia
120 ml/4 fl oz/½ tazza di brodo di pollo

Metti il pollo in una ciotola. Mescolare lo zenzero, l'erba cipollina, la farina di mais, il vino o lo sherry, l'acqua e il sale, unire al pollo e lasciare riposare per 1 ora. Scaldare metà dell'olio e friggere il pollo finché non sarà leggermente dorato, quindi toglierlo dalla padella. Scaldate il restante olio e fate rosolare le castagne d'acqua e i peperoni per 2 minuti. Aggiungete la salsa di soia e il brodo, portate a ebollizione, coprite e fate cuocere per 5 minuti finché le verdure saranno tenere. Riporta il pollo nella padella, mescola bene e riscalda delicatamente prima di servire.

Pollo e Ananas

Serve 4

30 ml/2 cucchiai di olio di arachidi (arachidi)

5 ml/1 cucchiaino di sale

2 spicchi d'aglio, schiacciati

450 g/1 libbra di pollo disossato, tagliato a fette sottili

2 cipolle, affettate

100 g di castagne d'acqua, a fette

Pezzi di ananas da 100 g/4 once

30 ml/2 cucchiai di vino di riso o sherry secco

450 ml/¾ pt/2 tazze di brodo di pollo

5 ml/1 cucchiaino di zucchero

pepe appena macinato

30 ml/2 cucchiai di succo di ananas

30 ml/2 cucchiai di salsa di soia

30 ml/2 cucchiai di farina di mais (amido di mais)

Scaldare l'olio d'oliva, il sale e l'aglio finché l'aglio non sarà leggermente dorato. Aggiungere il pollo e rosolare per 2 minuti. Aggiungere la cipolla, le castagne d'acqua e l'ananas e far rosolare per 2 minuti. Aggiungere il vino o lo sherry, il brodo e lo zucchero e condire con pepe. Portare a ebollizione, coprire e cuocere per 5 minuti. Mescolare il succo d'ananas, la salsa di soia e la farina di mais. Mescolare nella padella e cuocere, mescolando finché la salsa non si addensa e diventa trasparente.

Pollo con Ananas e Litchi

Serve 4

30 ml/2 cucchiai di olio di arachidi (arachidi)

225 g/8 oz di pollo, tagliato a fettine sottili

1 fetta di radice di zenzero, tritata

15 ml/1 cucchiaio di salsa di soia

15 ml/1 cucchiaio di vino di riso o sherry secco

Pezzi di ananas in scatola da 200 g/7 oz

200 g di litchi in scatola sciroppati

15 ml/1 cucchiaio di farina di mais (amido di mais)

Scaldare l'olio e friggere il pollo finché non sarà leggermente dorato. Aggiungere la salsa di soia e il vino o lo sherry e mescolare bene. Misurare 250 ml/8 fl oz/1 tazza della miscela di ananas e litchi e mettere da parte 30 ml/2 cucchiai. Aggiungere il resto nella padella, portare ad ebollizione e cuocere per qualche minuto finché il pollo sarà tenero. Aggiungere i pezzi di ananas e i litchi. Mescolare la farina di mais con lo sciroppo messo da parte, unirla nella padella e cuocere, mescolando, finché la salsa non si sarà schiarita e si sarà addensata.

Pollo con carne di maiale

Serve 4

1 petto di pollo, tagliato a fettine sottili
100 g/4 once di carne di maiale magra, tagliata a fettine sottili
60 ml/4 cucchiai di salsa di soia
15 ml/1 cucchiaio di farina di mais (amido di mais)
1 albume d'uovo
45 ml/3 cucchiai di olio di arachidi (arachidi).
3 fette di radice di zenzero, tritata
50 g/2 once di germogli di bambù, affettati
225 g/8 once di funghi, affettati
225 g/8 oz foglie cinesi, tritate

120 ml/4 fl oz/½ tazza di brodo di pollo
30 ml/2 cucchiai di acqua

Mescolare il pollo e il maiale. Mescolare la salsa di soia, 5 ml/1 cucchiaino di maizena e l'albume e unirli al pollo e al maiale. Lasciare riposare per 30 minuti. Scaldare metà dell'olio e friggere il pollo e il maiale fino a doratura, quindi toglierli dalla padella. Scaldare l'olio rimanente e friggere lo zenzero, i germogli di bambù, i funghi e le foglie cinesi fino a quando saranno ben ricoperti d'olio. Aggiungere il brodo e portare ad ebollizione. Riportare il composto di pollo nella padella, coprire e cuocere per circa 3 minuti fino a quando la carne sarà tenera. Mescolare la farina di mais rimanente in una pasta con l'acqua, incorporarla alla salsa e cuocere, mescolando, finché la salsa non si sarà addensata. Servire subito.

Pollo arrosto con patate

Serve 4

4 pezzi di pollo
45 ml/3 cucchiai di olio di arachidi (arachidi).
1 cipolla, affettata
1 spicchio d'aglio, schiacciato
2 fette di radice di zenzero, tritate
450 ml/¾ pt/2 tazze di acqua

45 ml/3 cucchiai di salsa di soia
15 ml/1 cucchiaio di zucchero di canna
2 patate, a cubetti

Tagliare il pollo in 5 cm/2 pezzi. Scaldare l'olio e soffriggere la cipolla, l'aglio e lo zenzero fino a quando saranno leggermente dorati. Aggiungere il pollo e friggerlo finché non sarà leggermente dorato. Aggiungere l'acqua e la salsa di soia e portare ad ebollizione. Aggiungete lo zucchero, coprite e fate cuocere per circa 30 minuti. Aggiungete le patate nella padella, coprite e fate cuocere per altri 10 minuti finché il pollo sarà tenero e le patate saranno cotte.

Pollo alle cinque spezie con patate

Serve 4

45 ml/3 cucchiai di olio di arachidi (arachidi).
450 g/1 libbra di pollo, tagliato a pezzi
sale
45 ml/3 cucchiai di pasta di fagioli gialli
45 ml/3 cucchiai di salsa di soia
5 ml/1 cucchiaino di zucchero
5 ml/1 cucchiaino di polvere di cinque spezie
1 patata, a cubetti
450 ml/¾ pt/2 tazze di brodo di pollo

Scaldare l'olio e friggere il pollo finché non sarà leggermente dorato. Cospargere di sale, quindi aggiungere la pasta di fagioli, la salsa di soia, lo zucchero e le cinque spezie in polvere e friggere per 1 minuto. Aggiungere le patate e mescolare bene, quindi aggiungere il brodo, portare a ebollizione, coprire e cuocere per circa 30 minuti finché saranno tenere.

Pollo bollito rosso

Serve 4

450 g/1 libbra di pollo, affettato
120 ml/4 fl oz/½ tazza di salsa di soia
15 ml/1 cucchiaio di zucchero
2 fette di radice di zenzero, tritate finemente
90 ml/6 cucchiai di brodo di pollo
30 ml/2 cucchiai di vino di riso o sherry secco
4 scalogni (scalogno), affettati

Mettete tutti gli ingredienti in una padella e portate ad ebollizione. Coprire e cuocere per circa 15 minuti fino a quando il pollo sarà cotto. Togliete il coperchio e continuate a cuocere a fuoco lento per circa 5 minuti, mescolando di tanto in tanto, finché la salsa non si sarà addensata. Servire cosparso di erba cipollina.

Polpette Di Pollo

Serve 4

225 g/8 once di carne di pollo, tritata (macinata)

3 castagne d'acqua, tritate

1 erba cipollina (erba cipollina), tritata

1 fetta di radice di zenzero, tritata

2 albumi

5 ml/2 cucchiaini di sale

5 ml/1 cucchiaino di pepe appena macinato

120 ml/4 fl oz/½ tazza di olio di arachidi (arachidi).

5 ml/1 cucchiaino di prosciutto tritato

Mescolare il pollo, le castagne, metà dell'erba cipollina, lo zenzero, gli albumi, sale e pepe. Formate delle piccole palline e pressate bene. Scaldare l'olio e friggere le polpette fino a doratura, girandole una volta. Servire cosparso con l'erba cipollina rimanente e il prosciutto.

Pollo saporito

Serve 4

30 ml/2 cucchiai di olio di arachidi (arachidi)
4 pezzi di pollo
3 erba cipollina (erba cipollina), tritata
2 spicchi d'aglio, schiacciati
1 fetta di radice di zenzero, tritata
120 ml/4 fl oz/½ tazza di salsa di soia
30 ml/2 cucchiai di vino di riso o sherry secco
30 ml/2 cucchiai di zucchero di canna
5 ml/1 cucchiaino di sale
375 ml/13 fl oz/1 tazza e ½ di acqua
15 ml/1 cucchiaio di farina di mais (amido di mais)

Scaldare l'olio e friggere i pezzi di pollo fino a doratura. Aggiungere le cipolline, l'aglio e lo zenzero e soffriggere per 2 minuti. Aggiungere la salsa di soia, il vino o lo sherry, lo zucchero e il sale e mescolare bene. Aggiungere l'acqua e portare ad ebollizione, coprire e cuocere per 40 minuti. Mescolare la maizena con un po' d'acqua, incorporarla alla salsa e cuocere, mescolando, fino a quando la salsa si schiarirà e si sarà addensata.

Pollo all'olio di sesamo

Serve 4

90 ml/6 cucchiai di olio di arachidi
60 ml/4 cucchiai di olio di sesamo
5 fette di radice di zenzero
4 pezzi di pollo
600 ml/1 pt/2½ tazze di vino di riso o sherry secco
5 ml/1 cucchiaino di zucchero
sale e pepe macinato fresco

Scaldare gli oli e friggere lo zenzero e il pollo finché non saranno leggermente dorati. Aggiungere il vino o lo sherry e condire con zucchero, sale e pepe. Portare a ebollizione e cuocere lentamente, senza coperchio, finché il pollo sarà tenero e la salsa si sarà ridotta. Servire in bicchieri.

Pollo allo Sherry

Serve 4

30 ml/2 cucchiai di olio di arachidi (arachidi)

4 pezzi di pollo

120 ml/4 fl oz/½ tazza di salsa di soia

500 ml/17 fl oz/2 ¼ tazze di vino di riso o sherry secco

30 ml/2 cucchiai di zucchero

5 ml/1 cucchiaino di sale

2 spicchi d'aglio, schiacciati

1 fetta di radice di zenzero, tritata

Scaldare l'olio e friggere il pollo finché non sarà dorato su tutti i lati. Eliminare l'olio in eccesso e aggiungere tutti gli ingredienti rimanenti. Portare a ebollizione, coprire e cuocere a fuoco vivace per 25 minuti. Ridurre il fuoco e cuocere a fuoco lento per altri 15 minuti fino a quando il pollo sarà cotto e la salsa ridotta.

Pollo con salsa di soia

Serve 4

350 g/12 once di pollo, a cubetti
2 erba cipollina (erba cipollina), tritata
3 fette di radice di zenzero, tritata
15 ml/1 cucchiaio di farina di mais (amido di mais)
30 ml/2 cucchiai di vino di riso o sherry secco
30 ml/2 cucchiai di acqua
45 ml/3 cucchiai di olio di arachidi (arachidi).
60 ml/4 cucchiai di salsa di soia densa
5 ml/1 cucchiaino di zucchero

Mescolare il pollo, lo scalogno, lo zenzero, la farina di mais, il vino o lo sherry e l'acqua e lasciare riposare per 30 minuti, mescolando di tanto in tanto. Scaldare l'olio e friggere il pollo per circa 3 minuti finché non sarà leggermente dorato. Aggiungere la salsa di soia e lo zucchero e far rosolare per circa 1 minuto fino a quando il pollo sarà cotto e tenero.

Pollo Arrosto Piccante

Serve 4

150 ml/¼ pt/½ tazza abbondante di salsa di soia

2 spicchi d'aglio, schiacciati

50 g/2 once/¼ tazza di zucchero di canna

1 cipolla, tritata finemente

30 ml/2 cucchiai di passata di pomodoro (pasta)

1 spicchio di limone, tritato

1 fetta di radice di zenzero, tritata

45 ml/3 cucchiai di vino di riso o sherry secco

4 grandi pezzi di pollo

Mescolare tutti gli ingredienti tranne il pollo. Disporre il pollo in una pirofila, versarvi sopra il composto, coprire e lasciare marinare per una notte, spennellando di tanto in tanto. Cuocere il pollo in forno preriscaldato a 180°C/350°F/gas mark 4 per 40 minuti, girando e spennellando di tanto in tanto. Togliere il coperchio, aumentare la temperatura del forno a 200°C/400°F/gas mark 6 e continuare la cottura per altri 15 minuti fino a quando il pollo sarà completamente cotto.

Pollo con spinaci

Serve 4

100 g/4 once di pollo, tritato
15 ml/1 cucchiaio di grasso di prosciutto, tritato
175 ml/6 fl oz/¾ tazza di brodo di pollo
3 albumi leggermente sbattuti
sale
5 ml/1 cucchiaino di acqua
450 g/1 libbra di spinaci, tritati finemente
5 ml/1 cucchiaino di farina di mais (amido di mais)
45 ml/3 cucchiai di olio di arachidi (arachidi).

Mescolare il pollo, il grasso del prosciutto, 150 ml/¼ pt/½ tazza generosa di brodo di pollo, gli albumi, 5 ml/1 cucchiaino di sale e acqua. Mescolare gli spinaci con il restante brodo, un pizzico di sale e la maizena mescolata con un po' d'acqua. Scaldare metà dell'olio, aggiungere il composto di spinaci nella padella e mescolare continuamente a fuoco basso finché non sarà completamente riscaldato. Trasferire su un piatto da portata caldo e tenere in caldo. Scaldare l'olio rimanente e friggere il composto di pollo a cucchiaiate fino a quando diventa sodo e bianco. Disporre sopra gli spinaci e servire subito.

Involtini primavera di pollo

Serve 4

15 ml/1 cucchiaio di olio di arachidi
pizzico di sale
1 spicchio d'aglio, schiacciato
225 g/8 oz di pollo, tagliato a strisce
100 g di funghi, affettati
175 g/6 once di cavolo cappuccio, tritato
100 g/4 once di germogli di bambù, tritati
50 g/2 oz castagne d'acqua, tritate
100 g di germogli di soia
5 ml/1 cucchiaino di zucchero
5 ml/1 cucchiaino di vino di riso o sherry secco
5 ml/1 cucchiaino di salsa di soia
8 pelli per involtini primavera
olio per friggere

Scaldate l'olio d'oliva, il sale e l'aglio e fateli rosolare dolcemente finché l'aglio non inizia a diventare dorato. Aggiungete il pollo e i funghi e fate rosolare per qualche minuto finché il pollo non diventa bianco. Aggiungere il cavolo, i germogli di bambù, le castagne d'acqua e i germogli di soia e far rosolare per 3 minuti. Aggiungere lo zucchero, il vino o lo sherry e la salsa di soia, mescolare bene, coprire e friggere per gli ultimi 2 minuti. Capovolgere in un colino e lasciare scolare.

Mettere qualche cucchiaio del composto di ripieno al centro della pelle di ogni involtino primavera, piegare il fondo, piegare i lati e arrotolare racchiudendo il ripieno. Sigillare il bordo con un po' di composto di farina e acqua e lasciare asciugare per 30 minuti. Scaldare l'olio e friggere gli involtini primavera per circa 10 minuti fino a quando saranno croccanti e dorati. Scolare bene prima di servire.

Pollo fritto semplice

Serve 4

1 petto di pollo, tagliato a fettine sottili

2 fette di radice di zenzero, tritate

2 erba cipollina (erba cipollina), tritata

15 ml/1 cucchiaio di farina di mais (amido di mais)

15 ml/1 cucchiaio di vino di riso o sherry secco

30 ml/2 cucchiai di acqua

2,5 ml/½ cucchiaino di sale

45 ml/3 cucchiai di olio di arachidi (arachidi).

100 g/4 oz di germogli di bambù, affettati

100 g di funghi, affettati

100 g di germogli di soia

15 ml/1 cucchiaio di salsa di soia

5 ml/1 cucchiaino di zucchero

120 ml/4 fl oz/½ tazza di brodo di pollo

Metti il pollo in una ciotola. Mescolare lo zenzero, l'erba cipollina, la farina di mais, il vino o lo sherry, l'acqua e il sale, unire al pollo e lasciare riposare per 1 ora. Scaldare metà dell'olio e friggere il pollo finché non sarà leggermente dorato, quindi toglierlo dalla padella. Scaldare l'olio rimanente e friggere i germogli di bambù, i funghi e i germogli di soia per 4 minuti.

Aggiungete la salsa di soia, lo zucchero e il brodo, portate a ebollizione, coprite e fate cuocere per 5 minuti finché le verdure saranno tenere. Riporta il pollo nella padella, mescola bene e riscalda delicatamente prima di servire.

Pollo In Salsa Di Pomodoro

Serve 4

30 ml/2 cucchiai di olio di arachidi (arachidi)
5 ml/1 cucchiaino di sale
2 spicchi d'aglio, schiacciati
450 g/1 libbra di pollo, a cubetti
300 ml/½ pt/1¼ tazze di brodo di pollo
120 ml/4 fl oz/½ tazza di ketchup di pomodoro (catsup)
15 ml/1 cucchiaio di farina di mais (amido di mais)
4 scalogni (scalogno), affettati

Scaldare l'olio d'oliva con il sale e l'aglio finché l'aglio non sarà leggermente dorato. Aggiungere il pollo e rosolarlo finché non sarà leggermente dorato. Aggiungere la maggior parte del brodo, portare a ebollizione, coprire e cuocere per circa 15 minuti fino a quando il pollo sarà tenero. Mescolare il brodo rimanente con il ketchup e la farina di mais e mescolare nella padella. Cuocere, mescolando, finché la salsa non si addensa e si schiarisce. Se la salsa è troppo liquida, lasciatela cuocere a fuoco lento finché non si sarà ridotta. Aggiungere le cipolline e cuocere per 2 minuti prima di servire.

pollo con pomodoro

Serve 4

225 g/8 once di pollo, a cubetti
15 ml/1 cucchiaio di farina di mais (amido di mais)
15 ml/1 cucchiaio di salsa di soia
15 ml/1 cucchiaio di vino di riso o sherry secco
45 ml/3 cucchiai di olio di arachidi (arachidi).
1 cipolla, tagliata a dadini
60 ml/4 cucchiai di brodo di pollo
5 ml/1 cucchiaino di sale
5 ml/1 cucchiaino di zucchero
2 pomodori senza pelle e tagliati a pezzetti

Mescolare il pollo con la farina di mais, la salsa di soia e il vino o lo sherry e lasciarlo riposare per 30 minuti. Scaldare l'olio e friggere il pollo finché non sarà leggermente dorato. Aggiungere la cipolla e farla rosolare fino ad appassimento. Aggiungete il brodo, il sale e lo zucchero, portate ad ebollizione e mescolate delicatamente a fuoco basso fino a quando il pollo sarà cotto. Aggiungere i pomodori e mescolare finché non saranno ben cotti.

Pollo Arrosto Con Pomodori

Serve 4

4 porzioni di pollo
4 pomodori, spellati e tagliati in quarti
15 ml/1 cucchiaio di vino di riso o sherry secco
15 ml/1 cucchiaio di olio di arachidi
sale

Metti il pollo in una padella e coprilo solo con acqua fredda. Portare a ebollizione, coprire e cuocere per 20 minuti. Aggiungere i pomodori, il vino o lo sherry, l'olio e il sale, coprire e cuocere per altri 10 minuti fino a quando il pollo sarà cotto. Disporre il pollo su un piatto caldo e tagliarlo a pezzi. Riscaldare la salsa e versarla sul pollo per servire.

Pollo e pomodoro con salsa di fagioli neri

Serve 4

45 ml/3 cucchiai di olio di arachidi (arachidi).
1 spicchio d'aglio, schiacciato
45 ml/3 cucchiai di salsa di fagioli neri
225 g/8 once di pollo, a cubetti
15 ml/1 cucchiaio di vino di riso o sherry secco
5 ml/1 cucchiaino di zucchero
15 ml/1 cucchiaio di salsa di soia
90 ml/6 cucchiai di brodo di pollo
3 pomodori, spellati e tagliati in quarti
10 ml/2 cucchiaini di farina di mais (amido di mais)
45 ml/3 cucchiai di acqua

Scaldare l'olio d'oliva e soffriggere l'aglio per 30 secondi. Aggiungere la salsa di fagioli neri e friggere per 30 secondi, quindi aggiungere il pollo e mescolare fino a quando sarà ben ricoperto d'olio. Aggiungere il vino o lo sherry, lo zucchero, la salsa di soia e il brodo, portare a ebollizione, coprire e cuocere per circa 5 minuti fino a quando il pollo sarà cotto. Mescolare la maizena e l'acqua fino a formare una pasta, unirla nella padella e cuocere, mescolando, finché la salsa non sarà chiara e addensata.

Pollo cotto velocemente con verdure

Serve 4

1 albume d'uovo
50 g farina di mais (amido di mais)
225 g di petti di pollo, tagliati a strisce
75 ml/5 cucchiai di olio di arachidi (arachidi).
200 g/7 oz di germogli di bambù, tagliati a strisce
50 g/2 once di germogli di soia
1 peperone verde, tagliato a strisce
3 scalogni (scalogno), affettati
1 fetta di radice di zenzero, tritata
1 spicchio d'aglio, tritato
15 ml/1 cucchiaio di vino di riso o sherry secco

Sbattere l'albume e la farina di mais e immergere le strisce di pollo nel composto. Scaldare l'olio a temperatura moderata e friggere il pollo per qualche minuto fino a cottura. Togliere dalla padella e scolare bene. Aggiungi i germogli di bambù, i germogli di soia, il pepe, la cipolla, lo zenzero e l'aglio nella padella e friggi per 3 minuti. Aggiungi il vino o lo sherry e rimetti il pollo nella padella. Mescolare bene e scaldare prima di servire.

Pollo alle noci

Serve 4

45 ml/3 cucchiai di olio di arachidi (arachidi).
2 erba cipollina (erba cipollina), tritata
1 fetta di radice di zenzero, tritata
450 g/1 lb di petto di pollo, tagliato a fette molto sottili
50 g/2 once di prosciutto, grattugiato
30 ml/2 cucchiai di salsa di soia
30 ml/2 cucchiai di vino di riso o sherry secco
5 ml/1 cucchiaino di zucchero
5 ml/1 cucchiaino di sale
100 g/4 oz/1 tazza di noci, tritate

Scaldare l'olio e far rosolare la cipolla e lo zenzero per 1 minuto. Aggiungete il pollo e il prosciutto e fate rosolare per 5 minuti fino a quasi cottura. Aggiungere la salsa di soia, il vino o lo sherry, lo zucchero e il sale e far rosolare per 3 minuti. Aggiungere le noci e friggere per 1 minuto finché gli ingredienti non saranno ben amalgamati.

Pollo alle noci

Serve 4

*100 g/4 oz/1 tazza di noci sgusciate, tagliate a metà
olio per friggere
45 ml/3 cucchiai di olio di arachidi (arachidi).
2 fette di radice di zenzero, tritate
225 g/8 once di pollo, a cubetti
100 g/4 oz di germogli di bambù, affettati
75 ml/5 cucchiai di brodo di pollo*

Preparare le noci, scaldare l'olio e friggerle fino a doratura e scolarle bene. Scaldare l'olio di arachidi e friggere lo zenzero per 30 secondi. Aggiungere il pollo e rosolarlo finché non sarà leggermente dorato. Aggiungere gli altri ingredienti, portare a ebollizione e cuocere, mescolando, fino a quando il pollo sarà cotto.

Pollo alle Castagne d'Acqua

Serve 4

45 ml/3 cucchiai di olio di arachidi (arachidi).
2 spicchi d'aglio, schiacciati
2 erba cipollina (erba cipollina), tritata
1 fetta di radice di zenzero, tritata
225 g di petto di pollo, tagliato a pezzi
100 g di castagne d'acqua, tagliate a scaglie
45 ml/3 cucchiai di salsa di soia
15 ml/1 cucchiaio di vino di riso o sherry secco
5 ml/1 cucchiaino di farina di mais (amido di mais)

Scaldare l'olio e soffriggere l'aglio, il cipollotto e lo zenzero finché saranno leggermente dorati. Aggiungere il pollo e far rosolare per 5 minuti. Aggiungete le castagne d'acqua e fatele rosolare per 3 minuti. Aggiungere la salsa di soia, il vino o lo sherry e la farina di mais e friggere per circa 5 minuti fino a quando il pollo sarà cotto.

Pollo Saporito Con Castagne D'Acqua

Serve 4

30 ml/2 cucchiai di olio di arachidi (arachidi)

4 pezzi di pollo

3 erba cipollina (erba cipollina), tritata

2 spicchi d'aglio, schiacciati

1 fetta di radice di zenzero, tritata

250 ml/8 fl oz/1 tazza di salsa di soia

30 ml/2 cucchiai di vino di riso o sherry secco

30 ml/2 cucchiai di zucchero di canna

5 ml/1 cucchiaino di sale

375 ml/13 fl oz/1¼ tazza di acqua

225 g/8 oz castagne d'acqua, affettate

15 ml/1 cucchiaio di farina di mais (amido di mais)

Scaldare l'olio e friggere i pezzi di pollo fino a doratura. Aggiungere le cipolline, l'aglio e lo zenzero e soffriggere per 2 minuti. Aggiungere la salsa di soia, il vino o lo sherry, lo zucchero e il sale e mescolare bene. Aggiungere l'acqua e portare ad ebollizione, coprire e cuocere per 20 minuti. Aggiungete le castagne d'acqua, coprite e fate cuocere per altri 20 minuti. Mescolare la maizena con un po' d'acqua, incorporarla alla salsa e cuocere, mescolando, fino a quando la salsa si schiarirà e si sarà addensata.

Wonton di pollo

Serve 4

4 funghi cinesi secchi
450 g/1 libbra di petto di pollo, tritato
225 g/8 oz verdure miste, tritate
1 erba cipollina (erba cipollina), tritata
15 ml/1 cucchiaio di salsa di soia
2,5 ml/½ cucchiaino di sale
40 pelli di wonton
1 uovo sbattuto

Immergere i funghi in acqua tiepida per 30 minuti e scolarli. Eliminare i gambi e tritare le cime. Mescolare con pollo, verdure, salsa di soia e sale.

Per piegare i wonton, tieni la pelle nel palmo della mano sinistra e metti un po' di ripieno al centro. Inumidire i bordi con l'uovo e piegare la pelle a triangolo, sigillando i bordi. Inumidisci gli angoli con l'uovo e attorcigliali insieme.

Portare una pentola d'acqua sul fuoco. Aggiungere i wonton e cuocere per circa 10 minuti finché non verranno a galla.

Alette di pollo croccanti

Serve 4

900 g di ali di pollo
60 ml/4 cucchiai di vino di riso o sherry secco
60 ml/4 cucchiai di salsa di soia
50 g/2 once/½ tazza di farina di mais (amido di mais)
olio di arachidi (arachidi) per friggere

Metti le ali di pollo in una ciotola. Mescolare il resto degli ingredienti e versarvi sopra le ali di pollo, mescolando bene in modo che siano ricoperte dalla salsa. Coprire e lasciare riposare per 30 minuti. Scaldare l'olio e friggere il pollo, pochi alla volta, fino a quando saranno cotti e ben dorati. Scolatele bene su carta da cucina e tenetele al caldo mentre fate rosolare il pollo rimasto.

Ali di pollo alle cinque spezie

Serve 4

30 ml/2 cucchiai di olio di arachidi (arachidi)
2 spicchi d'aglio, schiacciati
450 g/1 libbra di ali di pollo
250 ml/8 fl oz/1 tazza di brodo di pollo
30 ml/2 cucchiai di salsa di soia
5 ml/1 cucchiaino di zucchero
5 ml/1 cucchiaino di polvere di cinque spezie

Scaldare l'olio d'oliva e l'aglio fino a quando l'aglio sarà leggermente dorato. Aggiungere il pollo e friggerlo finché non sarà leggermente dorato. Aggiungete gli altri ingredienti, mescolando bene e portate a ebollizione. Coprire e cuocere per circa 15 minuti fino a quando il pollo sarà cotto. Togliete il coperchio e continuate a cuocere, mescolando di tanto in tanto, finché quasi tutto il liquido non sarà evaporato. Servire caldo o freddo.

Alette di pollo marinate

Serve 4

45 ml/3 cucchiai di salsa di soia

45 ml/3 cucchiai di vino di riso o sherry secco

30 ml/2 cucchiai di zucchero di canna

5 ml/1 cucchiaino di radice di zenzero grattugiata

2 spicchi d'aglio, schiacciati

6 scalogni (scalogno), affettati

450 g/1 libbra di ali di pollo

30 ml/2 cucchiai di olio di arachidi (arachidi)

225 g/8 once di germogli di bambù, affettati

20 ml/4 cucchiaini di farina di mais (amido di mais)

175 ml/6 fl oz/¾ tazza di brodo di pollo

Mescolare salsa di soia, vino o sherry, zucchero, zenzero, aglio ed erba cipollina. Aggiungere le ali di pollo e mescolare per ricoprirle completamente. Coprite e lasciate riposare per 1 ora, mescolando di tanto in tanto. Scaldare l'olio e friggere i germogli di bambù per 2 minuti. Toglieteli dalla padella. Scolare il pollo e la cipolla, conservando la marinata. Riscaldare l'olio e friggere il pollo finché non sarà dorato su tutti i lati. Coprite e fate cuocere per altri 20 minuti finché il pollo sarà tenero. Mescolare la farina di mais con il brodo e la marinata messa da parte. Versare sul pollo e scaldare, mescolando, finché la salsa non si sarà addensata. Aggiungere i germogli di bambù e cuocere, mescolando, per altri 2 minuti.

Vere ali di pollo

Serve 4

12 ali di pollo
250 ml/8 fl oz/1 tazza di olio di arachidi (arachidi).
15 ml/1 cucchiaio di zucchero semolato
2 cipolline (erba cipollina), tagliate a pezzi
5 fette di radice di zenzero
5 ml/1 cucchiaino di sale
45 ml/3 cucchiai di salsa di soia
250 ml/8 fl oz/1 tazza di vino di riso o sherry secco
250 ml/8 fl oz/1 tazza di brodo di pollo
10 fette di germogli di bambù
15 ml/1 cucchiaio di farina di mais (amido di mais)
15 ml/1 cucchiaio di acqua
2,5 ml/½ cucchiaino di olio di sesamo

Sbollentare le ali di pollo in acqua bollente per 5 minuti e scolarle bene. Scaldare l'olio, aggiungere lo zucchero e mescolare fino a quando sarà sciolto e dorato. Aggiungere il pollo, gli scalogni, lo zenzero, il sale, la salsa di soia, il vino e il brodo, portare a ebollizione e cuocere a fuoco lento per 20 minuti. Aggiungere i germogli di bambù e cuocere per 2 minuti o finché il liquido non sarà quasi evaporato. Mescolare la farina di mais con l'acqua, versarla nella padella e mescolare finché non si addensa. Trasferire le ali di pollo su un piatto caldo e servire cosparse di olio di sesamo.

Alette di pollo condite

Serve 4

30 ml/2 cucchiai di olio di arachidi (arachidi)
5 ml/1 cucchiaino di sale
2 spicchi d'aglio, schiacciati
900 g di ali di pollo
30 ml/2 cucchiai di vino di riso o sherry secco
30 ml/2 cucchiai di salsa di soia
30 ml/2 cucchiai di passata di pomodoro (pasta)
15 ml/1 cucchiaio di salsa Worcestershire

Scaldate l'olio, il sale e l'aglio e fate soffriggere finché l'aglio non sarà leggermente dorato. Aggiungere le ali di pollo e friggerle, mescolando spesso, per circa 10 minuti fino a quando saranno dorate e quasi cotte. Aggiungere gli ingredienti rimanenti e friggere per circa 5 minuti fino a quando il pollo sarà croccante e cotto.

Cosce Di Pollo Al Forno

Serve 4

16 cosce di pollo
30 ml/2 cucchiai di vino di riso o sherry secco
30 ml/2 cucchiai di aceto di vino
30 ml/2 cucchiai di olio d'oliva
sale e pepe macinato fresco
120 ml/4 fl oz/½ tazza di succo d'arancia
30 ml/2 cucchiai di salsa di soia
30 ml/2 cucchiai di miele
15 ml/1 cucchiaio di succo di limone
2 fette di radice di zenzero, tritate
120 ml/4 fl oz/½ tazza di salsa piccante

Mescolare tutti gli ingredienti tranne la salsa di peperoncino, coprire e marinare in frigorifero per una notte. Togliere il pollo dalla marinata e arrostirlo o grigliarlo per circa 25 minuti, girandolo e ungendolo con la salsa di peperoncino mentre cuoce.

Cosce di pollo Hoisin

Serve 4

8 cosce di pollo
600 ml/1 pt/2½ tazze di brodo di pollo
sale e pepe macinato fresco
250 ml/8 fl oz/1 tazza di salsa hoisin
30 ml/2 cucchiai di farina semplice (per tutti gli usi)
2 uova, sbattute
100 g/4 once/1 tazza di pangrattato
olio per friggere

Mettete le cosce e il brodo in una padella, portate a ebollizione, coprite e fate cuocere per 20 minuti fino a cottura. Togliete il pollo dalla padella e fatelo asciugare su carta da cucina. Mettete il pollo in una ciotola e condite con sale e pepe. Versare sopra la salsa hoisin e marinare per 1 ora. Drenare. Passate il pollo nella farina, poi nell'uovo e nel pangrattato, poi ancora nell'uovo e nel pangrattato. Scaldare l'olio e friggere il pollo per circa 5 minuti fino a doratura. Scolare su carta da cucina e servire caldo o freddo.

Pollo arrosto

Serve 4-6

75 ml/5 cucchiai di olio di arachidi (arachidi).
1 pollo
3 scalogni (scalogno), affettati
3 fette di radice di zenzero
120 ml/4 fl oz/½ tazza di salsa di soia
30 ml/2 cucchiai di vino di riso o sherry secco
5 ml/1 cucchiaino di zucchero

Scaldare l'olio e friggere il pollo fino a doratura. Aggiungere i cipollotti, lo zenzero, la salsa di soia e il vino o lo sherry e portare a ebollizione. Coprire e cuocere per 30 minuti, girando di tanto in tanto. Aggiungete lo zucchero, coprite e fate cuocere per altri 30 minuti fino a quando il pollo sarà cotto.

Pollo fritto croccante

Serve 4

1 pollo

sale

30 ml/2 cucchiai di vino di riso o sherry secco

3 erba cipollina (erba cipollina), tagliata a dadini

1 fetta di radice di zenzero

30 ml/2 cucchiai di salsa di soia

30 ml/2 cucchiai di zucchero

5 ml/1 cucchiaino di chiodi di garofano interi

5 ml/1 cucchiaino di sale

5 ml/1 cucchiaino di pepe

150 ml/¼ pt/½ tazza abbondante di brodo di pollo

olio per friggere

1 lattuga, grattugiata

4 pomodori, a fette

½ cetriolo, affettato

Strofinare il pollo con sale e lasciarlo riposare per 3 ore. Sciacquatela e mettetela in una ciotola. Aggiungere il vino o lo sherry, lo zenzero, la salsa di soia, lo zucchero, i chiodi di garofano, il sale, il pepe e il brodo e imbastire bene. Mettere la ciotola nella vaporiera, coprire e cuocere a vapore per circa 2 ore e un quarto finché il pollo non sarà cotto. Drenare. Scaldare l'olio fino a farlo fumare, aggiungere il pollo e friggerlo fino a doratura. Friggere per altri 5 minuti, togliere dall'olio e scolare. Tagliatela a pezzetti e disponetela su un piatto da portata caldo. Guarnire con lattuga, pomodoro e cetriolo e servire con una salsa di pepe e sale.

Pollo fritto intero

Serve 5

1 pollo

10 ml/2 cucchiaini di sale

15 ml/1 cucchiaio di vino di riso o sherry secco

2 cipolline (erba cipollina), tagliate a metà

3 fette di radice di zenzero, tagliate a listarelle

olio per friggere

Asciugare il pollo e strofinare la pelle con sale e vino o sherry. Metti i cipollotti e lo zenzero all'interno della cavità. Appendere il pollo ad asciugare in un luogo fresco per circa 3 ore. Scaldate l'olio e mettete il pollo in un cestello per friggere. Immergere delicatamente nell'olio e imbastire continuamente dentro e fuori finché il pollo non sarà leggermente colorato. Togliere dall'olio e lasciarlo raffreddare leggermente mentre si scalda l'olio. Friggere nuovamente fino a doratura. Scolatele bene e poi tagliatele a pezzetti.

Pollo alle cinque spezie

Serve 4-6

1 pollo
120 ml/4 fl oz/½ tazza di salsa di soia
2,5 cm/1 pezzo di radice di zenzero, tritata
1 spicchio d'aglio, schiacciato
15 ml/1 cucchiaio di polvere di cinque spezie
30 ml/2 cucchiai di vino di riso o sherry secco
30 ml/2 cucchiai di miele
2,5 ml/½ cucchiaino di olio di sesamo
olio per friggere
30 ml/2 cucchiai di sale
5 ml/1 cucchiaino di pepe appena macinato

Metti il pollo in una pentola capiente e riempila d'acqua fino a metà coscia. Conservare 15 ml/1 cucchiaio di salsa di soia e aggiungere il resto nella padella con lo zenzero, l'aglio e metà delle cinque spezie in polvere. Portare a ebollizione, coprire e cuocere per 5 minuti. Spegni il fuoco e lascia il pollo nell'acqua finché l'acqua non sarà tiepida. Drenare.

Tagliare il pollo a metà nel senso della lunghezza e adagiarlo su una teglia con la parte tagliata rivolta verso il basso. Mescolare la restante salsa di soia e la polvere di cinque spezie con il vino o lo sherry, il miele e l'olio di sesamo. Strofinare il composto sul pollo e lasciarlo riposare per 2 ore, spennellando di tanto in tanto con il composto. Scaldare l'olio e friggere le metà del pollo per circa 15 minuti finché non saranno dorate e cotte. Scolatele su carta da cucina e tagliatele a pezzetti.

Nel frattempo, mescolare sale e pepe e scaldare in una padella asciutta per circa 2 minuti. Servire come salsa con il pollo.

Pollo allo zenzero ed erba cipollina

Serve 4

1 pollo

2 fette di radice di zenzero, tagliate a listarelle

sale e pepe macinato fresco

90 ml/4 cucchiai di olio di arachidi (arachidi).

8 erba cipollina (erba cipollina), tritata finemente

10 ml/2 cucchiaini di aceto di vino bianco

5 ml/1 cucchiaino di salsa di soia

Mettete il pollo in una padella larga, aggiungete metà dello zenzero e versate abbastanza acqua da coprire quasi il pollo. Condire con sale e pepe. Portare a ebollizione, coprire e cuocere per circa 1 ora e un quarto finché saranno teneri. Lasciare il pollo nel brodo finché non si raffredda. Scolare il pollo e conservare in frigorifero finché non diventa freddo. Tagliare in porzioni.

Grattugiare lo zenzero rimasto e mescolarlo con l'olio d'oliva, l'erba cipollina, l'aceto di vino, la salsa di soia, sale e pepe. Conservare in frigorifero per 1 ora. Mettete i pezzi di pollo in una ciotola e versateli sopra la salsa allo zenzero. Servire con riso al vapore.

pollo in camicia

Serve 4

1 pollo
1,2 l/2 pezzi/5 tazze di brodo di pollo o acqua
30 ml/2 cucchiai di vino di riso o sherry secco
4 scalogni (erba cipollina), tritati
1 fetta di radice di zenzero
5 ml/1 cucchiaino di sale

Mettete il pollo in una padella capiente con tutti gli ingredienti rimanenti. Il brodo o l'acqua dovrebbero raggiungere la metà della coscia. Portare a ebollizione, coprire e cuocere a fuoco lento per circa 1 ora fino a quando il pollo sarà cotto. Scolatele, conservando il brodo per le zuppe.

Pollo bollito rosso

Serve 4

1 pollo

250 ml/8 fl oz/1 tazza di salsa di soia

Mettete il pollo in una padella, versate la salsa di soia e aggiungete acqua fin quasi a coprire il pollo. Portare a ebollizione, coprire e cuocere per circa 1 ora fino a quando il pollo sarà cotto, girando di tanto in tanto.

Pollo piccante bollito rosso

Serve 4

2 fette di radice di zenzero
2 cipolline (erba cipollina)
1 pollo
3 spicchi di anice stellato
½ stecca di cannella
15 ml/1 cucchiaio di pepe di Szechuan
75 ml/5 cucchiai di salsa di soia
75 ml/5 cucchiai di vino di riso o sherry secco
75 ml/5 cucchiai di olio di sesamo
15 ml/1 cucchiaio di zucchero

Metti lo zenzero e i cipollotti all'interno della cavità del pollo e metti il pollo in una padella. Legare l'anice stellato, la cannella e il pepe in un pezzo di mussola e aggiungerlo nella padella. Versare sopra salsa di soia, vino o sherry e olio di sesamo. Portare a ebollizione, coprire e cuocere per circa 45 minuti. Aggiungete lo zucchero, coprite e fate cuocere per altri 10 minuti fino a quando il pollo sarà cotto.

Pollo arrosto con sesamo

Serve 4

50 g di semi di sesamo
1 cipolla, tritata finemente
2 spicchi d'aglio, tritati
10 ml/2 cucchiaini di sale
1 peperoncino rosso essiccato, tritato
pizzico di chiodi di garofano macinati
2,5 ml/½ cucchiaino di cardamomo macinato
2,5 ml/½ cucchiaino di zenzero macinato
75 ml/5 cucchiai di olio di arachidi (arachidi).
1 pollo

Mescolare tutti i condimenti e l'olio e spennellare il pollo. Mettetela in una pirofila e aggiungete nella padella 30 ml/2 cucchiai di acqua. Cuocere in forno preriscaldato a 180°C/350°F/gas mark 4 per circa 2 ore, spennellando e girando il pollo di tanto in tanto, finché il pollo non sarà dorato e cotto. Se necessario aggiungete ancora un po' d'acqua per evitare che si bruci.

Pollo in salsa di soia

Serve 4-6

300 ml/½ pt/1¼ tazze di salsa di soia

300 ml/½ pt/1¼ tazza di vino di riso o sherry secco

1 cipolla tritata

3 fette di radice di zenzero, tritata

50 g/2 once/¼ tazza di zucchero

1 pollo

15 ml/1 cucchiaio di farina di mais (amido di mais)

60 ml/4 cucchiai di acqua

1 cetriolo, sbucciato e affettato

30 ml/2 cucchiai di prezzemolo fresco tritato

In una padella mescolare la salsa di soia, il vino o lo sherry, la cipolla, lo zenzero e lo zucchero e portare a ebollizione. Aggiungere il pollo, riportare a ebollizione, coprire e cuocere lentamente per 1 ora, girando il pollo di tanto in tanto, fino a quando il pollo sarà cotto. Trasferisci il pollo su un piatto da portata caldo e taglialo. Versare tutto tranne 250 ml/8 fl oz/1 tazza del liquido di cottura e riportare a ebollizione. Mescolare la maizena e l'acqua fino a formare una pasta, unirla nella padella e cuocere, mescolando, finché la salsa non sarà chiara e addensata.

Spennellare un po' di salsa sul pollo e guarnire il pollo con cetriolo e prezzemolo. Servire la salsa rimanente a parte.

Pollo al vapore

Serve 4

1 pollo

45 ml/3 cucchiai di vino di riso o sherry secco

sale

2 fette di radice di zenzero

2 cipolline (erba cipollina)

250 ml/8 fl oz/1 tazza di brodo di pollo

Metti il pollo in una ciotola resistente al calore e strofina con vino o sherry e sale e metti lo zenzero e i cipollotti all'interno della cavità. Posizionare la ciotola su una griglia in una vaporiera, coprire e cuocere a vapore in acqua bollente per circa 1 ora fino a cottura ultimata. Servire caldo o freddo.

Pollo al vapore con anice

Serve 4

250 ml/8 fl oz/1 tazza di salsa di soia

250 ml/8 fl oz/1 tazza di acqua

15 ml/1 cucchiaio di zucchero di canna

4 spicchi di anice stellato

1 pollo

In una padella mescolare la salsa di soia, l'acqua, lo zucchero e l'anice e portare a ebollizione. Mettete il pollo in una ciotola e ricoprite l'interno e l'esterno con il composto. Riscaldare la miscela e ripetere. Metti il pollo in una ciotola resistente al calore. Posizionare la ciotola su una griglia in una vaporiera, coprire e cuocere a vapore in acqua bollente per circa 1 ora fino a cottura ultimata.

Pollo dal sapore strano

Serve 4

1 pollo

5 ml/1 cucchiaino di radice di zenzero tritata

5 ml/1 cucchiaino di aglio tritato

45 ml/3 cucchiai di salsa di soia densa

5 ml/1 cucchiaino di zucchero

2,5 ml/½ cucchiaino di aceto di vino

10 ml/2 cucchiaini di salsa di sesamo

5 ml/1 cucchiaino di pepe appena macinato

10 ml/2 cucchiaini di olio al peperoncino

½ lattuga, tritata

15 ml/1 cucchiaio di coriandolo fresco tritato

Mettete il pollo in una padella e riempitela fino a metà delle cosce di pollo con acqua. Portare a ebollizione, coprire e cuocere a fuoco lento per circa 1 ora fino a quando il pollo sarà tenero. Togliere dalla padella, scolare bene e immergere in acqua ghiacciata finché la carne non si sarà completamente raffreddata. Scolare bene e tagliare in 5 cm/2 pezzi. Mescolare tutti gli ingredienti rimanenti e versare sul pollo. Servire guarnito con lattuga e coriandolo.

Pezzi di pollo croccanti

Serve 4

100 g/4 oz di farina semplice (per tutti gli usi)

pizzico di sale

15 ml/1 cucchiaio di acqua

1 uovo

350 g/12 oz di pollo cotto, a cubetti

olio per friggere

Impastare la farina, il sale, l'acqua e l'uovo fino ad ottenere un impasto molto consistente, aggiungendo eventualmente ancora un po' d'acqua. Immergere i pezzi di pollo nella pastella finché non saranno ben ricoperti. Scaldare l'olio fino a quando sarà molto caldo e friggere il pollo per qualche minuto fino a quando sarà croccante e dorato.

Pollo con fagiolini

Serve 4

45 ml/3 cucchiai di olio di arachidi (arachidi).
450 g/1 libbra di pollo cotto, tagliato a pezzi
5 ml/1 cucchiaino di sale
2,5 ml/½ cucchiaino di pepe appena macinato
225 g di fagiolini verdi, tagliati a pezzi
1 gambo di sedano, tagliato in diagonale
225 g/8 once di funghi, affettati
250 ml/8 fl oz/1 tazza di brodo di pollo
30 ml/2 cucchiai di farina di mais (amido di mais)
60 ml/4 cucchiai di acqua
10 ml/2 cucchiaini di salsa di soia

Scaldare l'olio e friggere il pollo, salare e pepare finché non sarà leggermente dorato. Aggiungete i fagioli, il sedano ed i funghi e mescolate bene. Aggiungere il brodo, portare ad ebollizione, coprire e cuocere a fuoco lento per 15 minuti. Mescolare la maizena, l'acqua e la salsa di soia fino a formare una pasta, unirla nella padella e cuocere, mescolando, finché la salsa non sarà chiara e addensata.

Pollo Stufato Con Ananas

Serve 4

45 ml/3 cucchiai di olio di arachidi (arachidi).
225 g/8 oz di pollo cotto, a cubetti
sale e pepe macinato fresco
2 gambi di sedano, tagliati in diagonale
3 fette di ananas, tagliate a pezzi
120 ml/4 fl oz/½ tazza di brodo di pollo
15 ml/1 cucchiaio di salsa di soia
10 ml/2 cucchiai di farina di mais (amido di mais)
30 ml/2 cucchiai di acqua

Scaldare l'olio e friggere il pollo finché non sarà leggermente dorato. Salare e pepare, aggiungere il sedano e far rosolare per 2 minuti. Aggiungere l'ananas, il brodo e la salsa di soia e mescolare per qualche minuto finché non saranno ben cotti. Mescolare la maizena e l'acqua fino a formare una pasta, unirla nella padella e cuocere, mescolando, finché la salsa non sarà chiara e addensata.

Pollo con peperoni e pomodorini

Serve 4

45 ml/3 cucchiai di olio di arachidi (arachidi).
450 g/1 libbra di pollo cotto, tagliato a fette
10 ml/2 cucchiaini di sale
5 ml/1 cucchiaino di pepe appena macinato
1 peperone verde, tagliato a pezzi
4 pomodori grandi, spellati e tagliati a spicchi
250 ml/8 fl oz/1 tazza di brodo di pollo
30 ml/2 cucchiai di farina di mais (amido di mais)
15 ml/1 cucchiaio di salsa di soia
120 ml/4 fl oz/½ tazza di acqua

Scaldare l'olio e friggere il pollo, salare e pepare fino a doratura. Aggiungere i peperoni e i pomodori. Versare il brodo, portare a ebollizione, coprire e cuocere a fuoco lento per 15 minuti. Mescolare la maizena, la salsa di soia e l'acqua fino a formare una pasta, unirla nella padella e cuocere, mescolando, finché la salsa non sarà chiara e addensata.

Pollo al sesamo

Serve 4

450 g/1 libbra di pollo cotto, tagliato a listarelle
2 fette di zenzero, tritate finemente
1 erba cipollina (erba cipollina), tritata finemente
sale e pepe macinato fresco
60 ml/4 cucchiai di vino di riso o sherry secco
60 ml/4 cucchiai di olio di sesamo
10 ml/2 cucchiaini di zucchero
5 ml/1 cucchiaino di aceto di vino
150 ml/¼ pt/½ tazza abbondante di salsa di soia

Disporre il pollo su un piatto da portata e cospargere con zenzero, scalogno, sale e pepe. Mescolare il vino o lo sherry, l'olio di sesamo, lo zucchero, l'aceto di vino e la salsa di soia. Versare sopra il pollo.

Poussin fritti

Serve 4

2 galline, divise a metà
45 ml/3 cucchiai di salsa di soia
45 ml/3 cucchiai di vino di riso o sherry secco
120 ml/4 fl oz/½ tazza di olio di arachidi (arachidi).
1 erba cipollina (erba cipollina), tritata finemente
30 ml/2 cucchiai di brodo di pollo
10 ml/2 cucchiaini di zucchero
5 ml/1 cucchiaino di olio al peperoncino
5 ml/1 cucchiaino di pasta d'aglio
sale e pepe

Mettete i gallinetti in una ciotola. Mescolare la salsa di soia e il vino o lo sherry, versare sui polli, coprire e marinare per 2 ore, spennellando spesso. Scaldare l'olio e friggere i polli per circa 20 minuti fino a cottura. Toglieteli dalla padella e scaldate nuovamente l'olio. Rimetteteli nella padella e friggeteli fino a doratura. Scaricare la maggior parte dell'olio. Mescolare gli altri ingredienti, aggiungerli nella padella e scaldare velocemente. Versare sui polli prima di servire.

Türkiye con Taccone

Serve 4

60 ml/4 cucchiai di olio di arachidi (arachidi).
2 erba cipollina (erba cipollina), tritata
2 spicchi d'aglio, schiacciati
1 fetta di radice di zenzero, tritata
225 g di petto di tacchino, tagliato a listarelle
225 g/8 once di taccole (piselli)
100 g/4 oz di germogli di bambù, tagliati a strisce
50 g di castagne d'acqua, tagliate a listarelle
45 ml/3 cucchiai di salsa di soia
15 ml/1 cucchiaio di vino di riso o sherry secco
5 ml/1 cucchiaino di zucchero
5 ml/1 cucchiaino di sale
15 ml/1 cucchiaio di farina di mais (amido di mais)

Scaldare 45 ml/3 cucchiai di olio e friggere i cipollotti, l'aglio e lo zenzero finché diventano leggermente dorati. Aggiungete il tacchino e fate rosolare per 5 minuti. Togliere dalla padella e mettere da parte. Scaldare l'olio rimasto e friggere le taccole, i germogli di bambù e le castagne d'acqua per 3 minuti. Aggiungere la salsa di soia, il vino o lo sherry, lo zucchero e il sale e rimettere il tacchino nella padella. Friggere per 1 minuto.

Mescolare la maizena con un po' d'acqua, versarla nella padella e cuocere, mescolando, finché la salsa non si sarà schiarita e addensata.

Türkiye con pepe

Serve 4

4 funghi cinesi secchi
30 ml/2 cucchiai di olio di arachidi (arachidi)
1 cavolo cinese, tagliato a strisce
350 g di tacchino affumicato, tagliato a listarelle
1 cipolla, affettata
1 peperone rosso, tagliato a strisce
1 peperone verde, tagliato a strisce
120 ml/4 fl oz/½ tazza di brodo di pollo
30 ml/2 cucchiai di passata di pomodoro (pasta)
45 ml/3 cucchiai di aceto di vino
30 ml/2 cucchiai di salsa di soia
15 ml/1 cucchiaio di salsa hoisin
10 ml/2 cucchiaini di farina di mais (amido di mais)
qualche goccia di olio al peperoncino

Immergere i funghi in acqua tiepida per 30 minuti e scolarli. Eliminare i gambi e tagliare la parte superiore a listarelle. Scaldare metà dell'olio e friggere il cavolo per circa 5 minuti o fino a doratura. Togliere dalla padella. Aggiungere il tacchino e rosolarlo per 1 minuto. Aggiungere le verdure e farle rosolare per 3 minuti. Mescolare il brodo con la passata di pomodoro, l'aceto di vino e le salse e unirlo nella padella con la verza. Mescolare la farina di mais con un po' d'acqua, incorporarla nella padella e scaldare mescolando. Irrorare con olio al peperoncino e cuocere per 2 minuti, mescolando continuamente.

Tacchino arrosto cinese

Serve 8-10

1 piccolo tacchino
600 ml/1 pt/2½ tazze di acqua calda
10 ml/2 cucchiaini di pimento
500 ml/16 fl oz/2 tazze di salsa di soia
5 ml/1 cucchiaino di olio di sesamo
10 ml/2 cucchiaini di sale
45 ml/3 cucchiai di burro

Mettete il tacchino in una padella e versateci sopra l'acqua calda. Aggiungete gli altri ingredienti tranne il burro e lasciate riposare per 1 ora, girando più volte. Togliere il tacchino dal liquido e spennellarlo con il burro. Disporre su una teglia, coprire con carta stagnola e cuocere in forno preriscaldato a 160°C/gas 3 per circa 4 ore, bagnando di tanto in tanto con il liquido della salsa di soia. Togliete la pellicola e lasciate dorare la pelle negli ultimi 30 minuti di cottura.

Tacchino con noci e funghi

Serve 4

Filetto di petto di tacchino da 450 g/1 libbra

sale e pepe

succo di 1 arancia

15 ml/1 cucchiaio di farina semplice (per tutti gli usi)

12 noci nere conservate con succo

5 ml/1 cucchiaino di farina di mais (amido di mais)

15 ml/1 cucchiaio di olio di arachidi

2 cipolline (erba cipollina), tagliate a dadini

225 g di funghi champignon

45 ml/3 cucchiai di vino di riso o sherry secco

10 ml/2 cucchiaini di salsa di soia

50 g/2 once/½ tazza di burro

25 g di pinoli

Tagliare il tacchino a fette spesse 1 cm/½. Cospargere di sale, pepe e succo d'arancia e spolverare con farina. Scolare e tagliare a metà le noci, conservando il liquido e mescolare il liquido con la farina di mais. Scaldare l'olio e friggere il tacchino fino a doratura. Aggiungere l'erba cipollina e i funghi e far rosolare per 2 minuti. Aggiungere il vino o lo sherry e la salsa di soia e cuocere per 30 secondi. Aggiungere le noci al composto di farina di mais, mescolarle nella padella e portare a ebollizione. Aggiungere il burro a scaglie piccole, ma non far bollire il composto. Tostare i pinoli in una padella asciutta fino a doratura. Trasferire il composto di tacchino su un piatto da portata caldo e servire guarnito con pinoli.

Anatra con germogli di bambù

Serve 4

6 funghi cinesi secchi

1 anatra

50 g di prosciutto affumicato, tagliato a listarelle

100 g/4 oz di germogli di bambù, tagliati a strisce

2 cipolline (erba cipollina), tagliate a listarelle

2 fette di radice di zenzero, tagliate a listarelle

5 ml/1 cucchiaino di sale

Immergere i funghi in acqua tiepida per 30 minuti e scolarli. Eliminare i gambi e tagliare la parte superiore a listarelle. Mettete tutti gli ingredienti in una ciotola resistente al calore e mettetela in una padella piena d'acqua fino a raggiungere i due terzi della ciotola. Portare a bollore, coprire e cuocere per circa 2 ore fino a quando l'anatra sarà cotta, eventualmente aggiungendo acqua bollente.

Anatra con germogli di soia

Serve 4

225 g/8 once di germogli di soia
45 ml/3 cucchiai di olio di arachidi (arachidi).
450 g/1 libbra di carne di anatra cotta
15 ml/1 cucchiaio di salsa di ostriche
15 ml/1 cucchiaio di vino di riso o sherry secco
30 ml/2 cucchiai di acqua
2,5 ml/½ cucchiaino di sale

Sbollentare i germogli di soia in acqua bollente per 2 minuti e scolarli. Scaldare l'olio, friggere i germogli di soia per 30 secondi. Aggiungere l'anatra e friggerla fino a quando sarà ben cotta. Aggiungere gli ingredienti rimanenti e friggere per 2 minuti per amalgamare i sapori. Servire subito.

Anatra arrosto

Serve 4

4 scalogni (erba cipollina), tritati
1 fetta di radice di zenzero, tritata
120 ml/4 fl oz/½ tazza di salsa di soia
30 ml/2 cucchiai di vino di riso o sherry secco
1 anatra
120 ml/4 fl oz/½ tazza di olio di arachidi (arachidi).
600 ml/1 pt/2½ tazze di acqua
15 ml/1 cucchiaio di zucchero di canna

Mescolare i cipollotti, lo zenzero, la salsa di soia e il vino o lo sherry e strofinare l'anatra dentro e fuori. Scaldare l'olio e friggere l'anatra finché non sarà leggermente dorata su tutti i lati. Scaricare l'olio. Aggiungere l'acqua e la miscela rimanente di salsa di soia, portare ad ebollizione, coprire e cuocere a fuoco lento per 1 ora. Aggiungete lo zucchero, coprite e fate cuocere per altri 40 minuti finché l'anatra sarà tenera.

Anatra al vapore con sedano

Serve 4

350 g/12 oz di anatra cotta, tagliata a fette
1 testa di sedano
250 ml/8 fl oz/1 tazza di brodo di pollo
2,5 ml/½ cucchiaino di sale
5 ml/1 cucchiaino di olio di sesamo
1 pomodoro, tagliato a spicchi

Disporre l'anatra su una griglia per cottura a vapore. Tagliare il sedano in 7,5 cm/3 lunghezze e metterlo in una padella. Versare il brodo, aggiustare di sale e posizionare la vaporiera sopra la padella. Portare a ebollizione il brodo e cuocere a fuoco lento per circa 15 minuti finché il sedano sarà tenero e l'anatra ben cotta. Disporre l'anatra e il sedano su un piatto caldo, cospargere il sedano con olio di sesamo e servire guarnito con fette di pomodoro.

Anatra allo zenzero

Serve 4

350 g di petto d'anatra, tagliato a fettine sottili

1 uovo, leggermente sbattuto

5 ml/1 cucchiaino di salsa di soia

5 ml/1 cucchiaino di farina di mais (amido di mais)

5 ml/1 cucchiaino di olio di arachidi (arachidi).

olio per friggere

50 g di germogli di bambù

50 g/2 oz taccole (piselli)

2 fette di radice di zenzero, tritate

15 ml/1 cucchiaio di acqua

2,5 ml/½ cucchiaino di zucchero

2,5 ml/½ cucchiaino di vino di riso o sherry secco

2,5 ml/½ cucchiaino di olio di sesamo

Mescolare l'anatra con l'uovo, la salsa di soia, la farina di mais e l'olio e lasciar riposare per 10 minuti. Scaldare l'olio e friggere l'anatra e i germogli di bambù finché saranno cotti e dorati. Togliere dalla padella e scolare bene. Versare tutto tranne 15 ml/1 cucchiaio di olio dalla padella e friggere l'anatra, i germogli di bambù, le taccole, lo zenzero, l'acqua, lo zucchero e il vino o lo sherry per 2 minuti. Servire cosparso di olio di sesamo.

Anatra con fagiolini

Serve 4

1 anatra
60 ml/4 cucchiai di olio di arachidi (arachidi).
2 spicchi d'aglio, schiacciati
2,5 ml/½ cucchiaino di sale
1 cipolla tritata
15 ml/1 cucchiaio di zenzero grattugiato
45 ml/3 cucchiai di salsa di soia
120 ml/4 fl oz/½ tazza di vino di riso o sherry secco
60 ml/4 cucchiai di ketchup di pomodoro (catsup)
45 ml/3 cucchiai di aceto di vino
300 ml/½ pt/1¼ tazze di brodo di pollo
450 g/1 libbra di fagiolini, affettati
pizzico di pepe appena macinato
5 gocce di olio al peperoncino
15 ml/1 cucchiaio di farina di mais (amido di mais)
30 ml/2 cucchiai di acqua

Tagliare l'anatra in 8 o 10 pezzi. Scaldare l'olio e friggere l'anatra fino a doratura. Trasferire in una ciotola. Aggiungi l'aglio, il sale, la cipolla, lo zenzero, la salsa di soia, il vino o lo sherry, il ketchup e l'aceto di vino. Mescolare, coprire e lasciare marinare in frigorifero per 3 ore.

Riscaldare l'olio, aggiungere l'anatra, il brodo e la marinata, portare a ebollizione, coprire e cuocere a fuoco lento per 1 ora. Aggiungere i fagioli, coprire e cuocere per 15 minuti. Aggiungere pepe e olio al peperoncino. Mescolare la farina di mais con l'acqua, incorporarla nella padella e cuocere, mescolando, finché la salsa non si sarà addensata.

Anatra Fritta Al Vapore

Serve 4

1 anatra
sale e pepe macinato fresco
olio per friggere
salsa hoisin

Condire l'anatra con sale e pepe e metterla in una ciotola resistente al calore. Mettere in una padella piena d'acqua fino a due terzi della ciotola, portare a ebollizione, coprire e cuocere per circa 1 ora e mezza finché l'anatra sarà tenera. Scolare e lasciare raffreddare.

Scaldare l'olio e friggere l'anatra fino a renderla croccante e dorata. Rimuovere e scolare bene. Tagliare a pezzetti e servire con salsa hoisin.

Anatra con frutti esotici

Serve 4

4 filetti di petto d'anatra tagliati a listarelle
2,5 ml/½ cucchiaino di polvere di cinque spezie
30 ml/2 cucchiai di salsa di soia
15 ml/1 cucchiaio di olio di sesamo
15 ml/1 cucchiaio di olio di arachidi
3 gambi di sedano, tritati
2 fette di ananas, a cubetti
100 g/4 once di melone, a cubetti
100 g/4 oz di litchi, tagliati a metà
130 ml/4 fl oz/½ tazza di brodo di pollo
30 ml/2 cucchiai di passata di pomodoro (pasta)
30 ml/2 cucchiai di salsa hoisin
10 ml/2 cucchiaini di aceto di vino
pizzico di zucchero di canna

Metti l'anatra in una ciotola. Mescolare la polvere di cinque spezie, la salsa di soia e l'olio di sesamo, versare sull'anatra e lasciar marinare per 2 ore, mescolando di tanto in tanto. Scaldare l'olio e friggere l'anatra per 8 minuti. Togliere dalla padella. Aggiungete il sedano e la frutta e fate rosolare per 5 minuti. Riportare l'anatra nella padella con gli altri ingredienti, portare a ebollizione e cuocere, mescolando, per 2 minuti prima di servire.

Anatra arrosto con foglie cinesi

Serve 4

1 anatra

30 ml/2 cucchiai di vino di riso o sherry secco

30 ml/2 cucchiai di salsa hoisin

15 ml/1 cucchiaio di farina di mais (amido di mais)

5 ml/1 cucchiaino di sale

5 ml/1 cucchiaino di zucchero

60 ml/4 cucchiai di olio di arachidi (arachidi).

4 scalogni (erba cipollina), tritati

2 spicchi d'aglio, schiacciati

1 fetta di radice di zenzero, tritata

75 ml/5 cucchiai di salsa di soia

600 ml/1 pt/2½ tazze di acqua

225 g/8 oz foglie cinesi, tritate

Tagliare l'anatra in circa 6 pezzi. Mescolare il vino o lo sherry, la salsa hoisin, la farina di mais, il sale e lo zucchero e strofinare sull'anatra. Lasciare riposare per 1 ora. Scaldate l'olio e fate soffriggere per pochi secondi l'erba cipollina, l'aglio e lo zenzero. Aggiungere l'anatra e friggerla finché sarà leggermente dorata su tutti i lati. drenare il grasso in eccesso. Versare la salsa di soia e l'acqua, portare ad ebollizione, coprire e cuocere a fuoco lento per circa 30 minuti. Aggiungere le foglie cinesi, coprire nuovamente e cuocere per altri 30 minuti finché l'anatra sarà tenera.

anatra ubriaca

Serve 4

2 erba cipollina (erba cipollina), tritata
2 spicchi d'aglio, tritati
1,5 l/2½ punti/6 tazze di acqua
1 anatra
450 ml/¾ pt/2 tazze di vino di riso o sherry secco

Mettete la cipolla, l'aglio e l'acqua in una pentola capiente e portate a ebollizione. Aggiungere l'anatra, riportare a ebollizione, coprire e cuocere per 45 minuti. Scolatele bene, conservando il liquido per il brodo. Lascia raffreddare l'anatra e mettila in frigorifero per una notte. Tagliate l'anatra a pezzi e metteteli in un barattolo capiente con coperchio a vite. Versare sopra il vino o lo sherry e conservare in frigorifero per circa 1 settimana prima di scolare e servire freddo.

Anatra alle Cinque Spezie

Serve 4

150 ml/¼ pt/½ tazza generosa di vino di riso o sherry secco
150 ml/¼ pt/½ tazza abbondante di salsa di soia
1 anatra
10 ml/2 cucchiaini di polvere di cinque spezie

Portare a ebollizione il vino o lo sherry e la salsa di soia. Aggiungere l'anatra e cuocere, girando, per circa 5 minuti. Togliere l'anatra dalla padella e strofinare la polvere di cinque spezie sulla pelle. Riporta l'uccello nella padella e aggiungi abbastanza acqua da coprire metà dell'anatra. Portare a ebollizione, coprire e cuocere per circa 1 ora e mezza fino a quando l'anatra sarà tenera, girando e imbastendo frequentemente. Tagliare l'anatra in pezzi di 5 cm/2 e servire calda o fredda.

Anatra fritta con zenzero

Serve 4

1 anatra
2 fette di radice di zenzero, grattugiata
2 erba cipollina (erba cipollina), tritata
15 ml/1 cucchiaio di farina di mais (amido di mais)
30 ml/2 cucchiai di salsa di soia
30 ml/2 cucchiai di vino di riso o sherry secco
2,5 ml/½ cucchiaino di sale
45 ml/3 cucchiai di olio di arachidi (arachidi).

Togliere la carne dalle ossa e tagliarla a pezzi. Mescolare la carne con tutti gli ingredienti rimanenti tranne l'olio. Lasciare riposare per 1 ora. Scaldare l'olio e friggere l'anatra con la marinata per circa 15 minuti finché l'anatra sarà tenera.

Anatra con Prosciutto e Porri

Serve 4

1 anatra

Prosciutto affumicato da 450 g/1 libbra

2 porri

2 fette di radice di zenzero, tritate

45 ml/3 cucchiai di vino di riso o sherry secco

45 ml/3 cucchiai di salsa di soia

2,5 ml/½ cucchiaino di sale

Mettete l'anatra in una padella e copritela appena con acqua fredda. Portare a ebollizione, coprire e cuocere per circa 20 minuti. Scolare e mettere da parte 450 ml/¾ punti/2 tazze di brodo. Lasciare raffreddare leggermente l'anatra, quindi togliere la carne dalle ossa e tagliarla a quadratini di 5 cm/2. Tagliare il prosciutto in pezzi simili. Tagliare lunghi pezzi di porro e avvolgere all'interno della foglia una fetta di anatra e prosciutto e legare con lo spago. Mettere in una ciotola resistente al calore. Aggiungere lo zenzero, il vino o lo sherry, la salsa di soia e il sale al brodo riservato e versare sugli involtini d'anatra. Metti la ciotola in una padella piena d'acqua fino a raggiungere i due terzi dei lati della ciotola. Portare a ebollizione, coprire e cuocere per circa 1 ora finché l'anatra sarà tenera.

Anatra arrosto al miele

Serve 4

1 anatra

sale

3 spicchi d'aglio, schiacciati

3 erba cipollina (erba cipollina), tritata

45 ml/3 cucchiai di salsa di soia

45 ml/3 cucchiai di vino di riso o sherry secco

45 ml/3 cucchiai di miele

200 ml/7 fl oz/poca 1 tazza di acqua bollente

Asciugare l'anatra e strofinarla con sale dentro e fuori. Mescolare l'aglio, l'erba cipollina, la salsa di soia e il vino o lo sherry e dividere il composto a metà. Mescolare il miele in una metà e strofinarlo sull'anatra, quindi lasciarlo asciugare. Aggiungi acqua alla miscela di miele rimanente. Versare il composto di salsa di soia nella cavità dell'anatra e adagiarla su una griglia in una teglia con un po' d'acqua sul fondo. Arrostire in forno preriscaldato a 180°C/gas mark 4 per circa 2 ore finché l'anatra sarà tenera, ungendola durante la cottura con il restante composto di miele.

Anatra arrosto umida

Serve 4

6 erba cipollina (erba cipollina), tritata
2 fette di radice di zenzero, tritate
1 anatra
2,5 ml/½ cucchiaino di anice macinato
15 ml/1 cucchiaio di zucchero
45 ml/3 cucchiai di vino di riso o sherry secco
60 ml/4 cucchiai di salsa di soia
250 ml/8 fl oz/1 tazza di acqua

Metti metà dei cipollotti e dello zenzero in una padella larga e dal fondo spesso. Versare il resto nella cavità dell'anatra e aggiungerlo nella padella. Aggiungere tutti gli ingredienti rimanenti tranne la salsa hoisin, portare a ebollizione, coprire e cuocere per circa 1 ora e mezza, girando di tanto in tanto. Togliere l'anatra dalla padella e lasciarla asciugare per circa 4 ore.

Disporre l'anatra su una griglia in una teglia riempita con un po' di acqua fredda. Cuocere in forno preriscaldato a 230°C/450°F/gas mark 8 per 15 minuti, quindi girare e cuocere per altri 10 minuti fino a quando diventano croccanti. Nel frattempo, riscaldare il liquido messo da parte e versarlo sull'anatra per servire.

Anatra saltata con funghi

Serve 4

1 anatra
75 ml/5 cucchiai di olio di arachidi (arachidi).
45 ml/3 cucchiai di vino di riso o sherry secco
15 ml/1 cucchiaio di salsa di soia
15 ml/1 cucchiaio di zucchero
5 ml/1 cucchiaino di sale
pizzico di pepe
2 spicchi d'aglio, schiacciati
225 g/8 once di funghi, tagliati a metà
600 ml/1 pt/2½ tazze di brodo di pollo
15 ml/1 cucchiaio di farina di mais (amido di mais)
30 ml/2 cucchiai di acqua
5 ml/1 cucchiaino di olio di sesamo

Tagliare l'anatra in 5 cm/2 pezzi. Scaldare 45 ml/3 cucchiai di olio e friggere l'anatra finché sarà leggermente dorata su tutti i lati. Aggiungere il vino o lo sherry, la salsa di soia, lo zucchero, il sale e il pepe e far rosolare per 4 minuti. Togliere dalla padella. Scaldare l'olio rimanente e soffriggere l'aglio fino a doratura leggermente. Aggiungere i funghi e mescolare fino a ricoprirli di olio, quindi rimettere il composto di anatra nella padella e aggiungere il brodo. Portare a ebollizione, coprire e cuocere per circa 1 ora finché l'anatra sarà tenera. Mescolare la maizena e l'acqua fino a formare una pasta, quindi incorporarla al composto e cuocere, mescolando, finché la salsa non si sarà addensata. Cospargere con olio di sesamo e servire.

Anatra con due funghi

Serve 4

6 funghi cinesi secchi

1 anatra

750 ml/1 ¼ punti/3 tazze di brodo di pollo

45 ml/3 cucchiai di vino di riso o sherry secco

5 ml/1 cucchiaino di sale

100 g/4 oz di germogli di bambù, tagliati a strisce

100 g di funghi champignon

Immergere i funghi in acqua tiepida per 30 minuti e scolarli. Eliminare i gambi e tagliare le cime a metà. Metti l'anatra in una grande ciotola resistente al calore con il brodo, il vino o lo sherry e il sale e mettila in una padella piena d'acqua fino a raggiungere i due terzi dei lati della ciotola. Portare a ebollizione, coprire e cuocere a fuoco lento per circa 2 ore finché l'anatra sarà tenera. Togliere dalla padella e tagliare la carne dall'osso. Trasferire il liquido di cottura in una padella a parte. Disporre i germogli di bambù ed entrambi i tipi di funghi sul fondo della pentola a vapore, sostituirli con la carne di anatra, coprire e cuocere a vapore per altri 30 minuti. Far bollire il liquido di cottura e versarlo sull'anatra per servire.

Anatra arrosto con cipolla

Serve 4

4 funghi cinesi secchi

1 anatra

90 ml/6 cucchiai di salsa di soia

60 ml/4 cucchiai di olio di arachidi (arachidi).

1 erba cipollina (erba cipollina), tritata

1 fetta di radice di zenzero, tritata

45 ml/3 cucchiai di vino di riso o sherry secco

450 g/1 libbra di cipolla, affettata

100 g/4 oz di germogli di bambù, affettati

15 ml/1 cucchiaio di zucchero di canna

15 ml/1 cucchiaio di farina di mais (amido di mais)

45 ml/3 cucchiai di acqua

Immergere i funghi in acqua tiepida per 30 minuti e scolarli. Eliminare i gambi e tagliare le sommità. Strofinare 15 ml/1 cucchiaio di salsa di soia sull'anatra. Conservare 15 ml/1 cucchiaio di olio, scaldare l'olio rimanente e friggere i cipollotti e lo zenzero finché diventano leggermente dorati. Aggiungere l'anatra e friggerla finché sarà leggermente dorata su tutti i lati.

Eliminare il grasso in eccesso. Aggiungi il vino o lo sherry, la salsa di soia rimasta nella padella e abbastanza acqua da coprire quasi l'anatra. Portare a ebollizione, coprire e cuocere per 1 ora, girando di tanto in tanto.

Scaldare l'olio riservato e friggere la cipolla fino a doratura. Togliere dal fuoco e incorporare i germogli di bambù e i funghi, quindi aggiungerli all'anatra, coprire e cuocere per altri 30 minuti finché l'anatra sarà tenera. Togliere l'anatra dalla padella, tagliarla a pezzi e disporla su un piatto da portata caldo. Portare sul fuoco i liquidi presenti nella padella, aggiungere lo zucchero e la maizena e cuocere, mescolando, finché il composto non bolle e si addensa. Versare sopra l'anatra per servire.

Anatra all'arancia

Serve 4

1 anatra
3 cipolline (erba cipollina), tagliate a pezzi
2 fette di radice di zenzero, tagliate a listarelle
1 fetta di buccia d'arancia
sale e pepe macinato fresco

Mettete l'anatra in una pentola capiente, copritela appena con acqua e portate a bollore. Aggiungere i cipollotti, lo zenzero e la buccia d'arancia, coprire e cuocere per circa 1 ora e mezza finché l'anatra sarà tenera. Aggiustare di sale e pepe, scolare e servire.

Anatra Arrosto Con L'arancia

Serve 4

1 anatra

2 spicchi d'aglio, tagliati a metà

45 ml/3 cucchiai di olio di arachidi (arachidi).

1 cipolla

1 arancia

120 ml/4 fl oz/½ tazza di vino di riso o sherry secco

2 fette di radice di zenzero, tritate

5 ml/1 cucchiaino di sale

Strofina l'aglio sull'anatra dentro e fuori, quindi spennellalo con olio. Forare la cipolla sbucciata con una forchetta, inserirla insieme all'arancia non sbucciata all'interno della cavità dell'anatra e chiudere con uno stuzzicadenti. Disporre l'anatra su una griglia sopra una teglia riempita con un po' di acqua calda e arrostire in forno preriscaldato a 160°C/gas 3 per circa 2 ore. Eliminare i liquidi e rimettere l'anatra nella teglia. Versare sopra il vino o lo sherry e cospargere con lo zenzero e il sale. Rimettete in forno per altri 30 minuti. Scartare la cipolla e l'arancia e tagliare a pezzetti l'anatra. Versare i succhi di padella sull'anatra per servire.

Anatra con Pere e Castagne

Serve 4

225 g di castagne sbucciate
1 anatra
45 ml/3 cucchiai di olio di arachidi (arachidi).
250 ml/8 fl oz/1 tazza di brodo di pollo
45 ml/3 cucchiai di salsa di soia
15 ml/1 cucchiaio di vino di riso o sherry secco
5 ml/1 cucchiaino di sale
1 fetta di radice di zenzero, tritata
1 pera grande, sbucciata e tagliata a fette spesse
15 ml/1 cucchiaio di zucchero

Lessare le castagne per 15 minuti e scolarle. Tagliare l'anatra in 5 cm/2 pezzi. Scaldare l'olio e friggere l'anatra finché non sarà leggermente dorata su tutti i lati. Scolare l'olio in eccesso e aggiungere brodo, salsa di soia, vino o sherry, sale e zenzero. Portare a ebollizione, coprire e cuocere per 25 minuti, mescolando di tanto in tanto. Aggiungete le castagne, coprite e fate cuocere per altri 15 minuti. Cospargere la pera con lo zucchero, aggiungerla nella padella e cuocere per circa 5 minuti fino a quando sarà ben dorata.

anatra pechinese

Serve 6

1 anatra
250 ml/8 fl oz/1 tazza di acqua
120 ml/4 fl oz/½ tazza di miele
120 ml/4 fl oz/½ tazza di olio di sesamo
Per i pancake:
250 ml/8 fl oz/1 tazza di acqua
225 g/8 oz/2 tazze di farina semplice (per tutti gli usi)
olio di arachidi (arachidi) per friggere

Per le immersioni:

120 ml/4 fl oz/½ tazza di salsa hoisin
30 ml/2 cucchiai di zucchero di canna
30 ml/2 cucchiai di salsa di soia
5 ml/1 cucchiaino di olio di sesamo
6 cipolline (erba cipollina), tagliate longitudinalmente
1 cetriolo, tagliato a strisce

L'anatra deve essere intera con la pelle intatta. Lega saldamente il collo con lo spago e cuci o fora l'apertura inferiore. Tagliare una piccola fessura sul lato del collo, inserire una cannuccia e soffiare aria sotto la pelle finché non si gonfia. Sospendere l'anatra sopra una bacinella e lasciarla appesa per 1 ora.

Fate bollire una pentola d'acqua, aggiungete l'anatra e fatela bollire per 1 minuto, poi toglietela e asciugatela bene. Fai bollire l'acqua e mescola il miele. Strofina il composto sulla pelle dell'anatra fino a quando non è saturo. Appendere l'anatra sopra una bacinella in un luogo fresco e ventilato per circa 8 ore finché la pelle non diventa dura.

Appendere l'anatra o posizionarla su una griglia sopra una teglia e arrostirla in forno preriscaldato a 180°C/350°F/gas mark 4 per circa 1 ora e mezza, ungendola regolarmente con olio di sesamo.

Per preparare le frittelle, fate bollire l'acqua e aggiungete gradualmente la farina. Lavorare leggermente fino ad ottenere un impasto morbido, coprire con un canovaccio umido e lasciare riposare per 15 minuti. Stendere su una superficie infarinata e formare un lungo cilindro. Tagliare a fette di 2,5 cm/1, quindi appiattirle a circa 5 mm/¼ di spessore e spennellare la superficie con olio. Impilare a coppie con le superfici oliate a contatto e spolverare leggermente la parte esterna con farina. Stendere le coppie a circa 10 cm di diametro e cuocerle a coppie per circa 1 minuto su ciascun lato fino a quando saranno leggermente dorate. Ordinare e impilare fino al momento di servire.

Preparare le salse mescolando metà della salsa hoisin con lo zucchero e mescolando la restante salsa hoisin con la salsa di soia e l'olio di sesamo.

Togliere l'anatra dal forno, eliminare la pelle e tagliarla a quadretti e tagliare la carne a cubetti. Disporre su piatti separati e servire con frittelle, salse e contorni.

Anatra arrosto con ananas

Serve 4

1 anatra
400 g di pezzi di ananas sciroppato
45 ml/3 cucchiai di salsa di soia
5 ml/1 cucchiaino di sale
pizzico di pepe appena macinato

Mettete l'anatra in una padella dal fondo spesso, copritela appena con acqua, portate a bollore, coprite e fate cuocere per 1 ora. Scolare lo sciroppo d'ananas nella padella con la salsa di soia, sale e pepe, coprire e cuocere per altri 30 minuti. Aggiungere i pezzi di ananas e cuocere per altri 15 minuti finché l'anatra sarà tenera.

Anatra fritta con ananas

Serve 4

1 anatra
45 ml/3 cucchiai di farina di mais (amido di mais)
45 ml/3 cucchiai di salsa di soia
225 g/8 oz di ananas in scatola sciroppato
45 ml/3 cucchiai di olio di arachidi (arachidi).
2 fette di radice di zenzero, tagliate a listarelle
15 ml/1 cucchiaio di vino di riso o sherry secco
5 ml/1 cucchiaino di sale

Togliere la carne dall'osso e tagliarla a pezzi. Mescolare la salsa di soia con 30 ml/2 cucchiai di maizena e incorporare l'anatra fino a quando sarà ben ricoperta. Lasciare riposare per 1 ora, mescolando di tanto in tanto. Schiacciare l'ananas e lo sciroppo e scaldare dolcemente in una padella. Mescolare la farina di mais rimanente con un po' d'acqua, versarla nella padella e cuocere, mescolando, finché la salsa non si sarà addensata. Tenere caldo. Scaldare l'olio e friggere lo zenzero finché non diventa leggermente dorato, quindi scartarlo. Aggiungere l'anatra e friggerla finché sarà leggermente dorata su tutti i lati. Aggiungere il vino o lo sherry e il sale e far rosolare ancora per qualche minuto finché l'anatra non sarà cotta. Disporre l'anatra su un piatto caldo, versarvi sopra la salsa e servire subito.

Anatra all'ananas e zenzero

Serve 4

1 anatra

100 g/4 once di zenzero sott'aceto

Pezzi di ananas in scatola da 200 g/7 oz

5 ml/1 cucchiaino di sale

15 ml/1 cucchiaio di farina di mais (amido di mais)

30 ml/2 cucchiai di acqua

Metti l'anatra in una ciotola resistente al calore e mettila in una padella piena d'acqua fino a raggiungere i due terzi dei lati della ciotola. Portare a ebollizione, coprire e cuocere a fuoco lento per circa 2 ore finché l'anatra sarà tenera. Togliere l'anatra e lasciarla raffreddare leggermente. Eliminate la pelle e le lische e tagliate l'anatra a pezzetti. Disporre su un piatto da portata e tenere in caldo.

Scolare lo zenzero e lo sciroppo di ananas in una padella, aggiungere il sale, la farina di mais e l'acqua. Portare a ebollizione, mescolando, e cuocere per qualche minuto, mescolando, fino a quando la salsa si schiarirà e si addensa. Aggiungere lo zenzero e l'ananas, mescolare e versare sull'anatra per servire.

Anatra con Ananas e Litchi

Serve 4

4 petti d'anatra
15 ml/1 cucchiaio di salsa di soia
1 spicchio di anice stellato
1 fetta di radice di zenzero
olio di arachidi (arachidi) per friggere
90 ml/6 cucchiai di aceto di vino
100 g/4 once/½ tazza di zucchero di canna
250 ml/8 fl oz/½ tazza di brodo di pollo
15 ml/1 cucchiaio di ketchup (catsup)
Pezzi di ananas in scatola da 200 g/7 oz
15 ml/1 cucchiaio di farina di mais (amido di mais)
6 litchi in scatola
6 ciliegie al maraschino

Mettete le anatre, la salsa di soia, l'anice e lo zenzero in una padella e coprite con acqua fredda. Portare a ebollizione, schiumare, coprire e cuocere per circa 45 minuti, fino a quando l'anatra sarà cotta. Scolare e asciugare. Friggere in olio molto caldo fino a quando saranno croccanti.

Nel frattempo, in una padella, unire l'aceto di vino, lo zucchero, il brodo, il ketchup e 30 ml/2 cucchiai di sciroppo d'ananas, portare a ebollizione e cuocere per circa 5 minuti finché non si sarà addensato. Mescolare la frutta e scaldarla prima di versarla sull'anatra per servire.

Anatra con carne di maiale e castagne

Serve 4

6 funghi cinesi secchi
1 anatra
225 g di castagne sbucciate
225 g/8 oz di carne di maiale magra, tagliata a cubetti
3 erba cipollina (erba cipollina), tritata
1 fetta di radice di zenzero, tritata
250 ml/8 fl oz/1 tazza di salsa di soia
900 ml/1½ punti/3¾ tazze di acqua

Immergere i funghi in acqua tiepida per 30 minuti e scolarli. Eliminare i gambi e tagliare le sommità. Mettere in una padella capiente tutti gli ingredienti rimanenti, portare a ebollizione, coprire e cuocere per circa 1 ora e mezza fino a quando l'anatra sarà cotta.

Anatra con patate

Serve 4

75 ml/5 cucchiai di olio di arachidi (arachidi).

1 anatra

3 spicchi d'aglio, schiacciati

30 ml/2 cucchiai di salsa di fagioli neri

10 ml/2 cucchiaini di sale

1,2 l/2 punti/5 tazze di acqua

2 porri, tagliati a fette spesse

15 ml/1 cucchiaio di zucchero

45 ml/3 cucchiai di salsa di soia

60 ml/4 cucchiai di vino di riso o sherry secco

1 spicchio di anice stellato

900 g/2 lb di patate, tagliate a fette spesse
½ testa di foglie cinesi
15 ml/1 cucchiaio di farina di mais (amido di mais)
30 ml/2 cucchiai di acqua
rametti di prezzemolo a foglia piatta

Scaldare 60 ml/4 cucchiai di olio e friggere l'anatra fino a doratura su tutti i lati. Lega o cuci l'estremità del collo e metti l'anatra, con il collo rivolto verso il basso, in una ciotola profonda. Scaldare l'olio rimanente e soffriggere l'aglio fino a doratura leggermente. Aggiungere la salsa di fagioli neri, salare e friggere per 1 minuto. Aggiungere l'acqua, i porri, lo zucchero, la salsa di soia, il vino o lo sherry e l'anice stellato e portare a ebollizione. Versare 120 ml/8 fl oz/1 tazza del composto nella cavità dell'anatra e legare o cucire per fissarlo. Portare a ebollizione la miscela rimanente nella padella. Aggiungere l'anatra e le patate, coprire e cuocere per 40 minuti, girando l'anatra una volta. Disporre le foglie cinesi su un piatto da portata. Togliere l'anatra dalla padella, tagliarla in pezzi di 5 cm/2 e disporla su un piatto da portata insieme alle patate. Mescolare la farina di mais fino a formare una pasta con l'acqua, unirla nella padella e cuocere, mescolando, finché la salsa non si sarà addensata.

Anatra Rossa Bollita

Serve 4

1 anatra
4 cipolline (erba cipollina), tagliate a pezzi
2 fette di radice di zenzero, tagliate a listarelle
90 ml/6 cucchiai di salsa di soia
45 ml/3 cucchiai di vino di riso o sherry secco
10 ml/2 cucchiaini di sale
10 ml/2 cucchiaini di zucchero

Mettete l'anatra in una padella pesante, copritela appena con acqua e portate a bollore. Aggiungere i cipollotti, lo zenzero, il vino o lo sherry e il sale, coprire e cuocere per circa 1 ora.

Aggiungere lo zucchero e cuocere per altri 45 minuti finché l'anatra sarà tenera. Tagliare l'anatra su un piatto da portata e servire calda o fredda, con o senza salsa.

Anatra arrosto al vino di riso

Serve 4

1 anatra
500 ml/14 fl oz/1¾ tazze di vino di riso o sherry secco
5 ml/1 cucchiaino di sale
45 ml/3 cucchiai di salsa di soia

Mettete l'anatra in una padella dal fondo spesso con lo sherry e il sale, portate a ebollizione, coprite e fate cuocere per 20 minuti. Scolare l'anatra, conservando il liquido, e strofinarla con salsa di soia. Disporre su una teglia in una teglia riempita con un po' di acqua calda e cuocere in forno preriscaldato a 180°C/gas 4 per circa 1 ora, bagnando regolarmente con il liquido di vino messo da parte.

Anatra al vapore con vino di riso

Serve 4

1 anatra

4 cipolline (erba cipollina), tagliate a metà

1 fetta di radice di zenzero, tritata

250 ml/8 fl oz/1 tazza di vino di riso o sherry secco

30 ml/2 cucchiai di salsa di soia

pizzico di sale

Sbollentare l'anatra in acqua bollente per 5 minuti e scolarla. Mettetela in una ciotola resistente al calore insieme agli altri ingredienti. Metti la ciotola in una padella piena d'acqua fino a raggiungere i due terzi dei lati della ciotola. Portare a ebollizione, coprire e cuocere a fuoco lento per circa 2 ore finché l'anatra sarà tenera. Scartare le cipolline e lo zenzero prima di servire.

Anatra salata

Serve 4

45 ml/3 cucchiai di olio di arachidi (arachidi).
4 petti d'anatra
3 scalogni (scalogno), affettati
2 spicchi d'aglio, schiacciati
1 fetta di radice di zenzero, tritata
250 ml/8 fl oz/1 tazza di salsa di soia
30 ml/2 cucchiai di vino di riso o sherry secco
30 ml/2 cucchiai di zucchero di canna
5 ml/1 cucchiaino di sale
450 ml/¾ pt/2 tazze di acqua

15 ml/1 cucchiaio di farina di mais (amido di mais)

Scaldare l'olio e friggere i petti d'anatra fino a doratura. Aggiungere le cipolline, l'aglio e lo zenzero e soffriggere per 2 minuti. Aggiungere la salsa di soia, il vino o lo sherry, lo zucchero e il sale e mescolare bene. Aggiungere l'acqua, portare ad ebollizione, coprire e cuocere per circa 1 ora e mezza finché la carne sarà molto tenera. Mescolare la farina di mais con un po' d'acqua, quindi versarla nella padella e cuocere, mescolando, finché la salsa non si sarà addensata.

Anatra saporita con fagiolini

Serve 4

45 ml/3 cucchiai di olio di arachidi (arachidi).
4 petti d'anatra
3 scalogni (scalogno), affettati
2 spicchi d'aglio, schiacciati
1 fetta di radice di zenzero, tritata
250 ml/8 fl oz/1 tazza di salsa di soia
30 ml/2 cucchiai di vino di riso o sherry secco
30 ml/2 cucchiai di zucchero di canna
5 ml/1 cucchiaino di sale
450 ml/¾ pt/2 tazze di acqua
225 g/8 once di fagiolini

15 ml/1 cucchiaio di farina di mais (amido di mais)

Scaldare l'olio e friggere i petti d'anatra fino a doratura. Aggiungere le cipolline, l'aglio e lo zenzero e soffriggere per 2 minuti. Aggiungere la salsa di soia, il vino o lo sherry, lo zucchero e il sale e mescolare bene. Aggiungere l'acqua, portare ad ebollizione, coprire e cuocere per circa 45 minuti. Aggiungere i fagioli, coprire e cuocere per altri 20 minuti. Mescolare la farina di mais con un po' d'acqua, quindi versarla nella padella e cuocere, mescolando, finché la salsa non si sarà addensata.

Anatra cotta lentamente

Serve 4

1 anatra
50 g/2 once/½ tazza di farina di mais (amido di mais)
olio per friggere
2 spicchi d'aglio, schiacciati
30 ml/2 cucchiai di vino di riso o sherry secco
30 ml/2 cucchiai di salsa di soia
5 ml/1 cucchiaino di radice di zenzero grattugiata
750 ml/1¼ punti/3 tazze di brodo di pollo
4 funghi cinesi secchi
225 g/8 once di germogli di bambù, affettati
225 g/8 oz castagne d'acqua, affettate

10 ml/2 cucchiaini di zucchero

pizzico di pepe

5 scalogni (scalogno), affettati

Tagliare l'anatra a pezzi della grandezza di una porzione. Conservare 30 ml/2 cucchiai di farina di mais e ricoprire l'anatra con la restante farina di mais. Eliminare l'eccesso. Scaldare l'olio e friggere l'aglio e l'anatra fino a quando saranno leggermente dorati. Togliere dalla padella e scolare su carta da cucina. Metti l'anatra in una padella larga. Unire il vino o lo sherry, 15 ml/1 cucchiaio di salsa di soia e lo zenzero. Aggiungere nella padella e cuocere a fuoco vivace per 2 minuti. Aggiungere metà del brodo, portare a ebollizione, coprire e cuocere a fuoco lento per circa 1 ora finché l'anatra sarà tenera.

Nel frattempo mettete a bagno i funghi in acqua tiepida per 30 minuti e scolateli. Eliminare i gambi e tagliare le sommità. Aggiungere all'anatra i funghi, i germogli di bambù e le castagne d'acqua e cuocere, mescolando spesso, per 5 minuti. Eliminare eventuali grassi dal liquido. Mescolare il restante brodo, la farina di mais e la salsa di soia con lo zucchero e il pepe e mescolare nella padella. Portare a ebollizione, mescolando e cuocere per circa 5 minuti finché la salsa non si sarà addensata. Trasferire su un piatto riscaldato e servire guarnito con erba cipollina.

Anatra fritta

Serve 4

1 albume d'uovo, leggermente sbattuto
20 ml/1 cucchiaio e mezzo di farina di mais (amido di mais)
sale
450 g/1 lb di petti d'anatra, tagliati a fettine sottili
45 ml/3 cucchiai di olio di arachidi (arachidi).
2 cipolline (erba cipollina), tagliate a listarelle
1 peperone verde, tagliato a strisce
5 ml/1 cucchiaino di vino di riso o sherry secco
75 ml/5 cucchiai di brodo di pollo

2,5 ml/½ cucchiaino di zucchero

Sbattere l'albume con 15 ml/1 cucchiaio di maizena e un pizzico di sale. Aggiungere l'anatra a fette e mescolare fino a ricoprirla. Scaldare l'olio e friggere l'anatra finché sarà cotta e dorata. Togliere l'anatra dalla padella e scolarla completamente tranne 30 ml/2 cucchiai di olio. Aggiungere l'erba cipollina e il pepe e far rosolare per 3 minuti. Aggiungere il vino o lo sherry, il brodo e lo zucchero e portare a ebollizione. Mescolare la farina di mais rimanente con un po' d'acqua, incorporarla alla salsa e cuocere, mescolando, finché la salsa non si sarà addensata. Aggiungere l'anatra, scaldare e servire.

Anatra con patate dolci

Serve 4

1 anatra
250 ml/8 fl oz/1 tazza di olio di arachidi (arachidi).
225 g/8 oz di patate dolci, sbucciate e tagliate a cubetti
2 spicchi d'aglio, schiacciati
1 fetta di radice di zenzero, tritata
2,5 ml/½ cucchiaino di cannella
2,5 ml/½ cucchiaino di chiodi di garofano macinati
pizzico di anice macinato
5 ml/1 cucchiaino di zucchero

15 ml/1 cucchiaio di salsa di soia

250 ml/8 fl oz/1 tazza di brodo di pollo

15 ml/1 cucchiaio di farina di mais (amido di mais)

30 ml/2 cucchiai di acqua

Tagliare l'anatra in 5 cm/2 pezzi. Scaldare l'olio e friggere le patate fino a doratura. Toglieteli dalla padella e scolate tutto tranne 30 ml/2 cucchiai di olio. Aggiungere l'aglio e lo zenzero e far rosolare per 30 secondi. Aggiungere l'anatra e friggerla finché sarà leggermente dorata su tutti i lati. Aggiungere le spezie, lo zucchero, la salsa di soia e il brodo e portare a ebollizione. Aggiungete le patate, coprite e fate cuocere per circa 20 minuti finché l'anatra sarà tenera. Mescolare la maizena con l'acqua fino a formare una pasta, quindi versarla nella padella e cuocere, mescolando, finché la salsa non si sarà addensata.

Anatra in agrodolce

Serve 4

1 anatra

1,2 l/2 pezzi/5 tazze di brodo di pollo

2 cipolle

2 carote

2 spicchi d'aglio, affettati

15 ml/1 cucchiaio di condimento per sottaceti

10 ml/2 cucchiaini di sale

10 ml/2 cucchiaino di olio di arachidi (arachidi).

6 erba cipollina (erba cipollina), tritata

1 mango, sbucciato e tagliato a cubetti

12 litchi, tagliati a metà

15 ml/1 cucchiaio di farina di mais (amido di mais)

15 ml/1 cucchiaio di aceto di vino

10 ml/2 cucchiaini di passata di pomodoro (pasta)

15 ml/1 cucchiaio di salsa di soia

5 ml/1 cucchiaino di polvere di cinque spezie

300 ml/½ pt/1 ¼ tazze di brodo di pollo

Disporre l'anatra in un cestello per la cottura a vapore sopra una padella contenente il brodo, la cipolla, le carote, l'aglio, il condimento marinato e il sale. Coprire e cuocere a vapore per 2 ore e mezza. Raffreddare l'anatra, coprire e conservare in frigorifero per 6 ore. Togliere la carne dalle ossa e tagliarla a cubetti. Scaldare l'olio e friggere l'anatra e il cipollotto finché diventano croccanti. Aggiungere gli altri ingredienti, portare ad ebollizione e cuocere per 2 minuti, mescolando, finché la salsa non si sarà addensata.

Anatra al mandarino

Serve 4

1 anatra

60 ml/4 cucchiai di olio di arachidi (arachidi).

1 pezzo di buccia di mandarino essiccata

900 ml/1½ punti/3¾ tazze di brodo di pollo

5 ml/1 cucchiaino di sale

Appendi l'anatra ad asciugare per 2 ore. Scaldate metà dell'olio e friggete l'anatra finché non sarà leggermente dorata. Trasferire in una grande ciotola resistente al calore. Scaldare l'olio rimasto e friggere la buccia del mandarino per 2 minuti, quindi inserirla nell'anatra. Versare il brodo sull'anatra e aggiustare di sale. Metti la ciotola su una griglia in una vaporiera, copri e cuoci a vapore per circa 2 ore fino a quando l'anatra sarà tenera.

Anatra con verdure

Serve 4

1 anatra grande, tagliata in 16 pezzi

sale

300 ml/½ pt/1¼ tazze di acqua

300 ml di vino bianco secco

120 ml/4 fl oz/½ tazza di aceto di vino

45 ml/3 cucchiai di salsa di soia

30 ml/2 cucchiai di salsa di prugne

30 ml/2 cucchiai di salsa hoisin

5 ml/1 cucchiaino di polvere di cinque spezie

6 erba cipollina (erba cipollina), tritata

2 carote, tritate

5 cm/2 di ravanello bianco, tritato

50 g/2 once di cavolo cinese, tagliato a cubetti

pepe appena macinato

5 ml/1 cucchiaino di zucchero

Mettete i pezzi di anatra in una ciotola, cospargeteli di sale e aggiungete l'acqua e il vino. Aggiungere l'aceto di vino, la salsa di soia, la salsa di prugne, la salsa hoisin e la polvere di cinque spezie, portare a ebollizione, coprire e cuocere a fuoco lento per circa 1 ora. Aggiungete le verdure nella padella, togliete il coperchio e fate cuocere per altri 10 minuti. Condire con sale, pepe e zucchero e lasciare raffreddare. Coprire e conservare in frigorifero durante la notte. Eliminare eventuali grassi e riscaldare l'anatra nella salsa per 20 minuti.

Anatra Fritta Con Verdure

Serve 4

4 funghi cinesi secchi

1 anatra

10 ml/2 cucchiaini di farina di mais (amido di mais)

15 ml/1 cucchiaio di salsa di soia

45 ml/3 cucchiai di olio di arachidi (arachidi).

100 g/4 oz di germogli di bambù, tagliati a strisce

50 g di castagne d'acqua, tagliate a listarelle

120 ml/4 fl oz/½ tazza di brodo di pollo

15 ml/1 cucchiaio di vino di riso o sherry secco

5 ml/1 cucchiaino di sale

Immergere i funghi in acqua tiepida per 30 minuti e scolarli. Eliminare i gambi e tritare le cime. Togliere la carne dalle ossa e tagliarla a pezzi. Mescolare la farina di mais e la salsa di soia, aggiungere alla carne d'anatra e lasciare riposare per 1 ora. Scaldare l'olio e friggere l'anatra finché non sarà leggermente dorata su tutti i lati. Togliere dalla padella. Aggiungere nella padella i funghi, i germogli di bambù e le castagne d'acqua e friggere per 3 minuti. Aggiungere il brodo, il vino o lo sherry e il sale, portare a ebollizione e cuocere per 3 minuti. Rimettete l'anatra nella padella, coprite e fate cuocere per altri 10 minuti finché l'anatra sarà tenera.

Anatra bianca

Serve 4

1 fetta di radice di zenzero, tritata
250 ml/8 fl oz/1 tazza di vino di riso o sherry secco
sale e pepe macinato fresco
1 anatra
3 erba cipollina (erba cipollina), tritata
5 ml/1 cucchiaino di sale
100 g/4 oz di germogli di bambù, affettati
100 g/4 oz prosciutto affumicato, affettato

Unire lo zenzero, 15 ml/1 cucchiaio di vino o sherry, un po' di sale e pepe. Strofinarlo sull'anatra e lasciarlo riposare per 1 ora. Mettere l'uccello in una padella dal fondo spesso con la marinata e aggiungere le cipolline e il sale. Aggiungere acqua fredda quanto basta per coprire l'anatra, portare ad ebollizione, coprire e cuocere per circa 2 ore finché l'anatra sarà tenera. Aggiungere i germogli di bambù e il prosciutto e cuocere per altri 10 minuti.

Anatra al vino

Serve 4

1 anatra
15 ml/1 cucchiaio di salsa di fagioli gialli
1 cipolla, affettata
1 bottiglia di vino bianco secco

Strofinare l'anatra dentro e fuori con la salsa di fagioli gialli. Metti la cipolla all'interno della cavità. In una pentola capiente portare a ebollizione il vino, aggiungere l'anatra, riportare a bollore, coprire e cuocere il più dolcemente possibile per circa 3 ore finché l'anatra sarà tenera. Scolare e affettare per servire.

Anatra al vapore di vino

Serve 4

1 anatra

sale al sedano

200 ml/7 fl oz/poco 1 tazza di vino di riso o sherry secco

30 ml/2 cucchiai di prezzemolo fresco tritato

Strofinare l'anatra con sale di sedano dentro e fuori e disporla in una pirofila profonda. Metti un bicchiere resistente al calore contenente il vino nella cavità dell'anatra. Posizionare la pirofila su una griglia in una vaporiera, coprire e cuocere a vapore in acqua bollente per circa 2 ore finché l'anatra sarà tenera.

fagiano fritto

Serve 4

900 g/2 lb di fagiano
30 ml/2 cucchiai di salsa di soia
4 uova sbattute
120 ml/4 fl oz/½ tazza di olio di arachidi (arachidi).

Disossare il fagiano e affettare la carne. Mescolare con salsa di soia e lasciare riposare per 30 minuti. Scolate il fagiano e immergetelo nelle uova. Scaldare l'olio e friggere velocemente il fagiano fino a doratura. Scolare bene prima di servire.

Fagiano alle mandorle

Serve 4

45 ml/3 cucchiai di olio di arachidi (arachidi).
2 erba cipollina (erba cipollina), tritata
1 fetta di radice di zenzero, tritata
225 g/8 oz di fagiano, tagliato a fettine molto sottili
50 g/2 once di prosciutto, grattugiato
30 ml/2 cucchiai di salsa di soia
30 ml/2 cucchiai di vino di riso o sherry secco

5 ml/1 cucchiaino di zucchero

5 ml/1 cucchiaino di pepe appena macinato

2,5 ml/½ cucchiaino di sale

100 g/4 oz/1 tazza di mandorle a scaglie

Scaldare l'olio e friggere la cipolla e lo zenzero finché diventano leggermente dorati. Aggiungete il fagiano e il prosciutto e fate rosolare per 5 minuti fino a cottura quasi ultimata. Aggiungere salsa di soia, vino o sherry, zucchero, pepe e sale e far rosolare per 2 minuti. Aggiungere le mandorle e friggere per 1 minuto finché gli ingredienti non saranno ben amalgamati.

Cervo con funghi secchi

Serve 4

8 funghi cinesi secchi

450 g di filetto di cervo, tagliato a listarelle

15 ml/1 cucchiaio di bacche di ginepro, macinate

15 ml/1 cucchiaio di olio di sesamo

30 ml/2 cucchiai di salsa di soia

30 ml/2 cucchiai di salsa hoisin

5 ml/1 cucchiaino di polvere di cinque spezie

30 ml/2 cucchiai di olio di arachidi (arachidi)

6 erba cipollina (erba cipollina), tritata

30 ml/2 cucchiai di miele

30 ml/2 cucchiai di aceto di vino

Immergere i funghi in acqua tiepida per 30 minuti e scolarli. Eliminare i gambi e tagliare le sommità. Metti la carne di cervo in una ciotola. Mescolare le bacche di ginepro, l'olio di sesamo, la salsa di soia, la salsa hoisin e la polvere di cinque spezie, versare sulla carne di cervo e lasciar marinare per almeno 3 ore, mescolando di tanto in tanto. Scaldare l'olio e friggere la carne per 8 minuti fino a cottura. Togliere dalla padella. Aggiungere le cipolline e i funghi nella padella e friggere per 3 minuti. Rimettere la carne nella padella con il miele e l'aceto di vino e farla scaldare mescolando.

Uova Salate

Ne fa 6

1,2 l/2 punti/5 tazze di acqua

100 g/4 once di salgemma

6 uova di anatra

Far bollire l'acqua con il sale e mescolare finché il sale non si scioglie. Lasciate raffreddare. Versate l'acqua salata in una brocca capiente, aggiungete le uova, coprite e lasciate riposare per 1 mese. Cuocere le uova prima di cuocerle con il riso.

Uova Di Soia

Serve 4

4 uova

120 ml/4 fl oz/½ tazza di salsa di soia

120 ml/4 fl oz/½ tazza di acqua

50 g/2 once/¼ tazza di zucchero di canna

½ cespo di lattuga, tagliato a pezzi

2 pomodori, a fette

Mettete le uova in una padella, coprite con acqua fredda, rimettete sul fuoco e lasciate bollire per 10 minuti. Scolare e raffreddare sotto l'acqua corrente. Rimettete le uova nella padella e aggiungete la salsa di soia, l'acqua e lo zucchero. Portare a ebollizione, coprire e cuocere per 1 ora. Disporre la lattuga su un piatto da portata. Tagliate le uova in quattro e disponetele sulla lattuga. Servire guarnito con pomodorini.

Uova Di Tè

Serve 4-6

6 uova

10 ml/2 cucchiaini di sale

3 bustine di tè cinese

45 ml/3 cucchiai di salsa di soia

1 spicchio di anice stellato, diviso

Mettete le uova in una padella, coprite con acqua fredda e portate a bollore lento e fate cuocere per 15 minuti. Togliere dal fuoco e mettere le uova in acqua fredda finché non si raffreddano. Lasciare riposare per 5 minuti. Togliete le uova dalla padella e rompete delicatamente i gusci, senza però rimuoverli. Rimettete le uova nella padella e copritele con acqua fredda. Aggiungere gli ingredienti rimanenti, portare a ebollizione e cuocere per 1 ora e mezza. Raffreddare e rimuovere la pelle.

crema pasticciera

Serve 4

4 uova sbattute
375 ml/13 fl oz/1 ½ tazza di brodo di pollo
2,5 ml/½ cucchiaino di sale
1 erba cipollina (erba cipollina), tritata
100 g di gamberi sgusciati, tagliati grossolanamente
15 ml/1 cucchiaio di salsa di soia
15 ml/1 cucchiaio di olio di arachidi

Mescolare tutti gli ingredienti tranne l'olio in una ciotola profonda e posizionare la ciotola su una teglia riempita con 1 pollice di acqua. Coprire e cuocere a vapore per 15 minuti. Scaldare l'olio d'oliva e versarvi sopra la panna. Coprire e cuocere a vapore per altri 15 minuti.

Uova sode

Serve 4

250 ml/8 fl oz/1 tazza di brodo di pollo
4 uova leggermente sbattute
15 ml/1 cucchiaio di vino di riso o sherry secco
5 ml/1 cucchiaino di olio di arachidi (arachidi).
2,5 ml/½ cucchiaino di sale
2,5 ml/½ cucchiaino di zucchero
2 erba cipollina (erba cipollina), tritata

15 ml/1 cucchiaio di salsa di soia

Sbattere leggermente le uova con il vino o lo sherry, l'olio d'oliva, il sale, lo zucchero e l'erba cipollina. Scaldare il brodo, incorporarlo lentamente al composto di uova e versare in una pirofila bassa. Disporre la pirofila su una griglia della vaporiera, coprire e cuocere a vapore per circa 30 minuti in acqua bollente fino a quando il composto avrà la consistenza di una crema densa. Cospargere con salsa di soia prima di servire.

www.ingramcontent.com/pod-product-compliance
Lightning Source LLC
Chambersburg PA
CBHW050153130526
44591CB00033B/1294